꽃우물에 따뜻한 교회가 있네

꽃우물에 따뜻한 교회가 있네

박인환 지음

kmc

이야기를 담은 교회 이야기

박인환 목사님이 발문을 부탁하면서 동봉한 원고를 앉은자리에서 모두 읽었습니다. 평소에 강원도 곰을 연상케 하는 박 목사이긴 합니다만, 사방으로 개발되는 신흥 도시 틈바구니에서 꽃우물마을과 그 마을의 어르신들의 '우리교회'를 20년 세월 한결같이 섬겨 온 것이 어찌 본인만의 의지와 결단으로 된 일이겠습니까? 모두가 주님의 섭리요, 은총인줄 압니다.

사람들 살아가는 것이 결국은 한 토막 이야기라 하겠습니다. 시원을 알 수 없는 데서 비롯된 거대한 이야기 중간에 태어나서 스스로 이야기를 만들다가, 언제 어떻게 끝나는지 모르는 이야기 속으로 사라져 가는 겁니다. 그래서 개인에겐 개인의 이야기가 있고, 마을엔 마을의 이야기가 있고, 교회에는 교회의 이야기가 있게 마련이지요. 이야기에는 이야기의 주인공들이 있어야 하고 그들이 만들어 내는 사건이 있어야 하지만, 그렇게 해서 만들어진 이야기를 들려주는 사람(이야기꾼)이 없으면 이야기는 없는 거나 마찬가지입니다.

화정교회 박 목사님은 좋은 이야기꾼입니다. 이야기 내용에 간섭하지 않고 있는 그대로 가감 없이 이야기들을 옮기고 있으니까요. 그가 여기 옮겨 놓은 많은 이야기들은 저마다 '설교'가 담겨 있지만, 그 어느 것도 설교를 하고 있지는 않습니다. 아마도 제가 앉은자리에서 모두 읽고 일어설 수 있었던 것도 그래서였을 것입니다.

군대 가기 전에 교회당 건축헌금을 하기 위해 국수집에 조수로 일하고 몇 달 동안 모은 돈 전부를 바친 김 아무군은, 지금쯤 전역을 했겠지만, 어디서 무엇을 하든 주님이 그를 기억하실 겁니다.

옛 예배당 헌 벽돌을 재활용하겠다는 목사님의 생각을 굳이 고집하지 않고 그 가운데 몇 개를 신축 예배당 입구에 박아 놓으신 일은, 제가 보기에도 참 잘하신 것 같습니다. 아무리 좋은 아이디어라도 거기에 '고집'이란 말이 붙어버리면 그게 아주 고약해지거든요. 옮기느라고 가지는 말할 것 없고 뿌리도 많이 다쳤을 묵은 등나무가 아무쪼록 새로 잡은 터에서 무사히 몸살을 치르고 건강한 모습으로 살아나기를 기원합니다.

목사님이 꽃우물 우체통과 명아주 지팡이를 만드느라고 땀을 뻘뻘 흘리는 모습이 눈에 선하네요. 아, 그런 모습의 '우리 동네 목사님' 이야말로 오늘 우리 세대에 얼마나 아쉬운 존재인가요?

벽돌 하나, 커튼 한 장, 저마다 아름답고 소박한 이야기를 담고 있는 화정교회에 하나님의 영광이 항상 빛나시기를 기도합니다. 아울러, 목사님도 계속해서 맑은 눈과 밝은 귀로 숨어 있는 이야기들을 찾아내시어 화정마을 공터에 이야기 모닥불을 피우시고, 성장 위주가 아니라 건강하게 성숙하는 교회를 지켜주시기 바랍니다.

주님의 사랑과 은혜가 화정교회와 화정마을에 구름기둥 불기둥으로 언제나 함께 하시기를 기도드립니다.

2008년 3월
이현주 목사

첫 번째 이야기

우리교회에는 아직 이야기가 있습니다

두 번째 이야기

어설퍼도 귀한 예배당

세 번째 이야기

꽃우물 우체통

네 번째 이야기

깻잎이 변하여
의자 되다

우리교회에는 아직 이야기가 있습니다

우리교회에는
아직 이야기가 있습니다

아직은 그대로입니다

19년 전 이곳 화정교회에 처음 부임하던 날은, 포도가 막 끝물에 들어서고 농부들은 벼 베기 준비에 한창이던 때였습니다. 지금은 교통 형편이 많이 좋아졌지만, 그때만 해도 꽃우물마을은 후미진 농촌 마을이었습니다. 해가 지자 멀리 동네에서 개 짖는 소리만 간간이 들리는 고즈넉한 분위기가 가뜩이나 이제 막 이사 온 목사의 마음을 더욱 외롭게 하였습니다. 마당에 나와서 보니 하늘에서 빛나는 별들 밖에는 아무것도 보이지 않는 깜깜한 밤이었습니다.

'아, 이런 촌 동네에서 어떻게 살 것인가? 어린 아이들 교육은 어쩌면 좋단 말인가?' 하는 생각에 그날 밤에는 잠이 오지 않았습니다.

이사하던 날 저녁 날씨가 무척 싸늘했다는 것과 첫 주일예배가 끝난 후 채 5분도 되지 않아 교인이 한 사람도 남지 않고 휑 하니 가 버린 기억이 인상 깊게 남아 있습니다. 그날따라 끝물 포도 수확 때문에 바쁜 교인들이 서둘러 일하러 간 것이지만, 저의 첫 인상은 한 마디로 '인정머리 없군!' 이었습니다. 아무리 바빠도 그렇지 목사가 이사 와서 첫 예배를 드렸는데 어쩌면 그렇게 뒤도 돌아보지 않고 가 버린단 말입니까?

이러저러한 이유로 부임 후에 가졌던 생각 중의 하나는, '3년 이내로 이곳을 빠져 나가리라' 는 것이었습니다. 그런데 하루하루 정 붙이며 살다 보니 어느덧 19년의 세월이 흘렀습니다. 부임 초기에 가졌던 섭섭했던 마음, 큰 교회 혹은 도시 교회로 하루속히 '빠져 나가려 했던 고약한 생각' 들이 저도 모르는 사이 봄눈 녹듯 사라지고 말았습니다. 아무리 내가 결심한다 해도 하나님이 허락하지 않으시면 안 되는 것임을 깨달았습니다. 그리고 그렇게 인정머리 없어 보이던 화정교회의 성도들이 이제는 이 세상에서 제일 착하고 아름다운 사람들로 여겨지게 되었습니다.

교회에서 꼬부랑길을 1.5km 내려가면 막 개발의 바람이 몰아치고 있는 안산 시내였습니다. 그러나 동네 앞에 생긴 순환도로를 경계로 하여 꽃우물마을은 개발제한구역으로 묶여 있었습니다. 마을 사람들은 마을이 도시로 편입되지 못한 것에 대해 분개하기도 하였습니다. 그도 그럴 것이 바로 눈앞의 동네에선 하루가 다르게 넓은 길이 열리고 큰 건물이 들어서고 땅

값이 올라가는데, 꽃우물마을은 여전히 농촌 그대로였기 때문입니다. 힘들게 농사지어야 돈도 안 되고, 재산권도 마음대로 행사하지 못하는 개발제한구역(그린벨트)으로 묶여 있으니 동네 사람들의 분노도 이해할 만한 일입니다.

부임 초창기, 이곳을 방문하였던 목사님 중 몇 분이 "하루라도 늦기 전에 이 교회 터를 팔고 저 앞 신개발지로 이사 가라."고 권면하였습니다. 개발되는 곳으로 옮겨 가는 것을 당연한 것처럼 생각하는 것 같았습니다. 개발되고 있는 곳에는 사람이 많이 몰릴 터이니 그곳에 가면 화정교회도 큰 교회 된다는 것이었습니다. 그러나 한 번도 교회 이전을 생각해 보지 않았습니다. '화정교회는 화정마을에 있어야 화정교회'라는 신념 때문입니다. 또 교회가 기업체 경영하듯이 '목 좋은 곳'을 찾아다녀서는 안 된다는 생각 때문입니다. 교회가 뭐 목사 맘대로 옮겨도 되는 그런 곳인가요? 그때 교회를 이전하였다면 아마 화정교회는 큰 교회가 되었을는지도 모릅니다. 그러나 이 동네에 사시는 연로하신 성도님들이 교회를 다니시기가 무척 어려웠을 것입니다. 그리고 진정한 의미의 화정교회는 사라졌겠지요.

이야기를 잃는 것은 삶을 잃어버리는 것

최근 어느 책에서 읽은 나이지리아 원주민과 관련한 이야기 한 토막이 생각납니다. 아프리카 나이지리아의 어느 부족은 매일 밤마다 이야기를 듣기 위해 공터에 모였답니다. 어린이들은 모닥불 가에서 마을의 원로들이 들려주는 부족의 역사, 무용담 등을 들으면서 자랐고, 어른이 되어서는 그 부족으로서의 자부심을 가지고 살았다고 합니다.

그런데 어느 날 그 마을에 전기가 들어왔습니다. 발전한 것이지요. 집집마다에 환하게 켜진 전깃불은 놀랍고 신기한 것이었습니다. 그런데 문제는 밤중에 마을 사람들에게 읽을거리가 없다는 것이었습니다. 사실 마을 사람들은 대부분 글을 몰랐습니다. 그래서 기술공학의 상징물인 놀라운 전구를 두려운 마음으로 바라보고 있을 뿐이었답니다. 밤마다 모닥불 가에 모여 앉아 마을의 원로들이 해 주던 마을 역사 이야기를 듣던 관습 대신, 전구 바라보기가 들어앉은 것입니다. 그리고 전구 불빛 속에서 그 부족은 점차 역사를 잃어갔고 자기들이 누구인지 그 정체성을 잃어갔다고 합니다.

언제부터인가 한국 교회를 성장제일주의가 주도하기 시작했습니다. '성장'이라는 말 앞에서는 모든 가치가 부정되는 듯이 보입니다. 그리고 교회가 마치 '성장'을 위해 존재하는 것처럼 되어버렸습니다. 물론 교회가 성장하는 것은 좋은 일입니다. 그러나 많은 교회들이 '교회 성장'과 '발전'을 위해서 교회 안에서 살아 생동해야 할 이야기들을 잃는 편을 택했다는 사실은 슬픈 일입니다. 이야기를 잃어버린다는 것은 삶을 잃어버리는 것이기 때문입니다.

교회 안에서 아름다운 이야기들이 전해 내려오고 또 계속 만들어지는 것은, '성장' 보다 훨씬 더 좋은 가치인 '성숙' 으로 가는 길일 것입니다.

제자리를 잘 지켰습니다

화정교회는 지난 100년간 제자리를 잘 지켜 온 농촌 교회입니다. 유행 따라 개발지역으로 옮겨가지 않고, 동네 다해야 40호 밖에 안 되는 농촌에 있어서인지 크게 성장하지는 못했습니다. 그러나 제자리를 잘 지킴으로써 지난 100년의 아름다운 이야기들을 잃어버리지 않고 있습니다.

되돌아보니 제가 지난 19년간 화정교회의 목사로서 유별나게 잘한 것은 없습니다. 그러나 좋은 목 찾아 헤매지 않은 것, 순박한 교인들 마음에 상처 주면서 훌쩍 큰 교회로 떠나 버리지 않은 것, 그리고 성도들의 이야기를 귀담아 들었다가 책으로 엮은 것(「때론 자전거를 메고 갈 수도 있다」)은 제가 생각해도 잘한 것 같습니다.

경기도 안산시 단원구 화정동. 마을과 가까운 시흥시와 안산시 일대가 다 도시화되었지만, 이곳만은 아직 농촌입니다. 그래서 불편한 것도 많습니다. 그러나 아직 이곳 들판에서는 생명의 싹들이 자라고 있고, 이웃과의 어울림과 따뜻한 나눔이 있습니다. 무엇보다 159-1번지에 있는 화정교회는, 도시에서는 다 잃어버리고 만 아름다운 이야기들을 아직 간직하고 있습니다. 그리고 계속 새로운 이야기들을 만들어 가고 있습니다.

너빌마을 통장님

　화정교회는 꽃우물마을과 너빌마을의 중간 지점에 있습니다. 두 마을 모두 교회 양편으로 각각 300m쯤 떨어져 있습니다. 옛날부터 꽃우물마을 사람들이 교회에 많이 나왔고 지금도 태반이 꽃우물마을에서 나오는 교인들입니다. 너빌에는 교인이 몇 되지 않습니다. 또 교회가 꽃우물 쪽을 향해 서 있기 때문에 처음 보는 사람들은 화정교회를 꽃우물마을 교회로 생각하기 쉽습니다. 사실이 그렇기도 하지요. 100년 전에 처음 자리 잡았던 곳이 고주물(꽃우물의 옛 발음) 마을이었으니까요. 그런데 지금 교회가 앉은 위치는 행정구역으로는 화정2동(너빌마을)입니다.

　교인이 몇 안 살아서 그런지, 20년 가까이 지난 아직까지도 너빌 사람들과는 가까이 지내지 못하고 있습니다. 그러나 그 중 몇 분과는 만나면 반갑게 인사하고 얘기도 나눕니다. 너빌마을 통장님 김천권 씨는 그런 분 중의 한 분입니다. 갸름하고 흰 얼굴에 항상 사람 좋은 웃음이 떠나지 않는 분입니다.

김장연 권사님을 통해 화정교회 이야기책 「때론 자전거를 메고 갈 수도 있다」를 한 권 보내 드렸습니다. 그런데 바로 그 다음날 김천권 씨가 김장연 권사님을 찾아오셨답니다. 오셔서는 아주 실망스러운 표정을 지으며, 그분 특유의 느릿한 말투로 다음과 같이 말씀하시더랍니다.

"야, 정훈 아범아! 내가 목사님이 쓰신 책 어제 다 읽었다. 동네 사람들 이야기를 쓴 거라고 해서 우리 동네 사람 이야기도 있는가 해서 읽었다. 그런데 처음부터 고주물 사람 이야기더라? 다음번에는 나오겠지 하고 읽으니까 또 고주물 사람 이야기더라? 그래도 다음에 나오겠지 하면서 계속 읽었지. 그러다 보니 끝까지 다 읽게 되더라. 그런데 고주물 사람들 이야기뿐이더라. 우리 너빌동네 사람 이야기는 하나도 없더라."

"에이 형님, 교인들 중심으로 쓰다 보니 그런 거 아니에요? 너빌에는 교인들이 몇 안 되잖아요."

"그래도 이 사람아, 화정교회가 서 있는 곳이 (고주물이 아니고) 너빌 아닌가?"

동네 사람들 이야기를 쓴 것이라고 해서 관심을 가지고 보았더니, 당신네 동네 사람들 이야기가 없어서 아주 서운하셨다는 것입니다.

맘에 드는 예쁜 색시와 결혼은 해야겠는데 "교회 다니지 않는 사람과는 하지 않겠다."는 색시의 말에 "결혼하면 같이 교회에 나가겠다."면서 꼬셔서(이것은 본인에게 직접 들은 말입니다.) 결혼하고는 아직까지 교회에 나오지 않는 분입니다. 하지만 그래도 교회에 대한 관심은 깊으셨나 봅니다. 그분의 서운함을 십분 이해할 것 같습니다.

"다음에 두 번째 책을 내게 되면 김천권 씨 이야기를 앞부분에 써 드릴 테니 섭섭한 마음 거두시라."는 말씀을 전해 달라고 김 권사님께 부탁하였습니다.

만날 때마다 "언제 부인하고 하셨던 약속 지키실랍니까?" 하고 묻는 목사에게 김천권 씨는 변함없이 이렇게 대답하십니다. "목사님, 곧 나가야지요." 그런데 그 '곧'이라는 시간이 왜 이리 긴지요. (2001.10)

이 커튼을 어떻게 해야 할까요?

교회를 헐고 새로 짓는 과정에서 여러 가지 생각해야 할 일들이 생겼습니다. 그 중의 하나가 기존의 교회 비품들에 관한 것이었습니다. 비품들 가운데 교인들의 정성이 깃들지 않은 것이 없지만, 그 중에서도 지난 20여 년간 낡은 예배당 실내를 감싸고 있던 커튼은 참 각별하게 다가왔습니다.

25년 전, 맨 몸뚱이로 아내와 3남매 아이들을 이끌고 안산으로 이사 오신 김병수 권사님 내외가 몇 년간 돼지농장에서 열심히 일하여 거금 100만 원을 마련하였답니다. 부인 최생순 집사님은 "우리가 처음으로 만져보는 목돈인데 하나님께 바칩시다." 하고 제안했는데, 김 권사님은 "좀 더 벌어서 하자."며 기어이 송아지를 몇 마리 샀답니다. 그런데 그때가 바로 소 파동과 맞물린 때여서 결국은 애써 모았던 돈 100만 원을 고스란히 날려 버리고 맙니다. 그리고 또 몇 년이 흘렀습니다. 열심히 일하여 쓸 것 못쓰며 모은 돈이 150만 원. 이번에는 두 내외가 이견 없이 하나님께 바쳤습니다. 그 헌금으로 마련한 것이 지난 20여 년 동안 화정교회 실내를 포근하게 감싸 준 커튼입니다.

이제 교회를 새로 지어야 하기에 옛 예배당과 함께 커튼도 치워야 합니다. 20년이나 달려 있던 다 낡은 헝겊이 무슨 가치가 있겠습니까? 그것 역시 태우든지 재활용 청소차에 실어 보내야 할 것입니다. 그러나 그 커튼은 권사님 내외가 젊은 시절 땀 흘리며 모은 돈 150만 원으로 만든 커튼입니다. 그 속에 담긴 정성과 헌신의 마음을 생각하면 낡아서 버려야 할 헝겊이 아니라 그 어디에서도 찾을 수 없는 귀한 보물처럼 여겨집니다. 이 커튼을 어떻게 해야 할까요?. (2001.3.4)

제게 남은 것 전부예요

"목사님, 이게 제게 남은 것 전부예요."

울면서 내미시는 문 권사님의 손에는 꼬깃꼬깃한 흰 봉투가 들려 있었고, 그 속에는 손때 묻은 금반지와 금목걸이가 담겨 있었습니다. 아드님 돌아가시고 몇 년 전부터 경제적으로 어려움을 겪으시더니 끝내 집이 남의 손으로 넘어가게 되었나 봅니다. 이제 정든 고향을 떠나 시내로 이사 가시게 된 권사님은 "평생 다니던 화정교회를 두고 내가 어디로 갈 수 있느냐?"며 펑펑 우십니다. 목사는 금이 들어 있는 봉투를 받아든 채 할 말이 없습니다. 그래도 뭔가 한 마디 해야 할 것 같아 "너무 낙심하지 마세요. 길이 있겠지요." 하였습니다. 이곳 꽃우물마을에 시집 오셔서부터 지금까지 평생을 변함없이 교회를 섬겨 온 권사님입니다. 교인들이 없어 교회가 어려울 때 4~5년 동안 암산으로 재정부 일을 보시느라고 고생하셨던 권사님, 목회자가 바뀔 때마다 근 20번이나 가슴아파하신 권사님입니다. 신학교 다니던 담임 전도사님에게 매주 월요일마다 차비 쥐어주시던 권사님, 뜬금없이 국회의원 출마한 담임 목사님을 위해 기꺼이 송아지를 팔아 선거 자금을 대주셨던 권사님입니다. 이런 권사님이 이제 당신에게 남겨진 마지막 재물을 교회 건축에 쓰라며 내놓으신 것입니다. 지난 수십 년 동안 어려운 생활을 꾸려 가는 목회자들을 위하여 애쓰신 권사님이신데, 이제 90을 바라보는 노년에 그렇게 가슴아프게 떠나가시는 권사님을 보면서 힘없는 목사는 그저 민망할 뿐입니다.

"오 하나님, 주님의 영광이 가려지면 어쩌시려고요?"

마음속에는 이런 기도뿐이었습니다. 권사님께 진심으로 이런 말씀을 드렸습니다.

"화정교회가 어렵던 시절에 목회자들에게 차비도 주고 학비도 주시면서 많이 도와 주셨다는데 그분들은 다 떠나시고 안 계시니 제가 대신 권사님의 사랑에 조금이라도 보답하겠습니다."

권사님이 건네주신 금붙이는 권사님 말씀 그대로 권사님께 남은 전 재산인 것 같아 1년이 지나도록 차마 매각하지 못하다가 지난 해 금값이 제일 비쌀 때 어렵사리 처분하였습니다. 우리교회 건축에는 이렇게 눈물 젖은 '과부의 두 렙돈'(막 12:41~44)도 녹아져 있습니다. (2001.3.11)

네 집 팔아 교회 빚 갚자

　수요기도회를 마치고 전대분 권사님 댁에서 추도예배를 드렸습니다. 시아버지이신 고 박쇠봉 님의 기일이었기 때문입니다. 설교 전에 고인이 어떤 분이었나를 소개해 보라고 하였더니, 권사님의 맏아들인 박계영 씨가 "우리 할아버지는 집터를 팔아서 교회 빚을 갚은 분이에요."라고 말씀합니다.

　우리교회의 처음 신자이며 조사로 일했던 박덕현 씨가 박쇠봉 씨의 작은아버지라고 합니다. 경제 사정이 넉넉지 못했던 박덕현 씨가 땅을 사서 교회를 지었는데, 그것이 고스란히 빚이었다고 합니다. 빚을 청산할 길이 없으니 조카인 박쇠봉 씨에게 "네 집터 팔아서 교회 빚 갚자." 했던 모양입니다. 그 길로 집터를 팔아서 교회 빚을 갚았답니다. 그 일 이후로 박쇠봉 씨 댁은 자기 집터 없이 남의 땅에 집 짓고 수십 년을 사셨습니다. 전대분 권사님이 시집 오신 이후 열심히 일하여 지금 살고 계시는 집터를 사셨다는데 그동안 마음고생이 많았을 것입니다. "교회 때문에 집터를 날려 버렸다."고 수군거리는 소리를 들어야 했을 테니 말입니다.

왜 박덕현 씨가 자기 집 팔지 않고 조카의 집을 팔자고 했는지는 모르겠으나, 이 이야기 속에도 하나님의 역사가 계셨다고 생각합니다. 그때 박쇠봉 씨가 집터를 팔아 교회 빚을 갚지 않았다면 오늘의 화정교회가 존재하지 않게 되었을지도 모를 일이기 때문입니다.

우리는 지금 교회 건축을 위해 기도하고 있습니다. 이리저리 계산하거나 움츠러들면 아름다운 교회를 건축할 수 없을 것입니다. 교회 빚 갚으려고 선뜻 자기 집터를 파셨던 훌륭한 신앙 선배가 우리에게 있음을 감사하고 그런 분들의 자취를 따를 마음이 있다면 좋은 결과를 얻게 될 것입니다.

(2001.11.4)

이야기가 있는 잔치

　2주 전에 있었던 「꽃우물 이야기」 출판감사예배는 다시 생각해도 참으로 은혜롭고 생동감 넘치는 예배였습니다. 이 예배에 참석했던 인천의 오근종 목사님과 이광열 목사님은 차를 타고 돌아가면서, '아주 감동적인 영화 한 편을 보고 가는 기분'이라고 이야기했답니다. 축사를 하셨던 최완택 목사님은 "모든 것이 좋았다."며 흡족해하셨습니다.

　무엇보다도 유명한 분들이 와서 틀에 박힌 이야기를 장황하게 늘어놓는 일 없이 진솔한 이야기들이 오고 간 것이 감명 깊었다고 합니다. 순서를 맡으신 분들은 거의 화정교회와 직간접적으로 연관이 있는 분들입니다. 조화순 목사님의 간단하면서도 영감 있는 설교, 강정규 선생님의 추억이 담긴 서평, 최완택 목사님의 애정이 담긴 축사, 이현덕 목사님의 회고담 등 모두가 은혜로웠습니다. 특히 오래 전에 사역하신 목사님이 오셔서 회고 담을 하신 일이 인상적이었다고 하는 이들도 있었습니다. 사실 그런 일이 쉽지는 않은 일이거든요.

다만 한 가지 아쉬운 것은, 이현덕 목사님이 '옛날에 밥해 주시던 교인 들' (*지금은 모두 할머니들)을 위해 사 오신 선물을 그 자리에서 전달하지 못한 일입니다. 이현덕 목사님이 제 시간에만 오셨어도 깜박 잊지는 않았을 텐데 참 아쉽습니다. 교인들에게서 받은 사랑에 보답하는 선물을 마련한 전임 목회자는 그리 흔치 않을 것입니다.

나중에 예배 장면과 잔디밭 저녁식사 광경을 촬영한 비디오를 보니, 우리 교인들의 얼굴도 아주 밝았습니다. 주일 예배만 참석하고 다른 행사에 소극적이던 젊은 교인들이 앞치마 두르고 봉사하는 모습이 보기 좋았습니다. 교회 새로 지으면 대형 스크린 설치하고 이 비디오 보여 주려고 합니다. (2001.11.11)

* 이현덕 목사님이 총각 전도사로 와 있었던 5년 동안 한 끼도 거르지 않고 밥을 해 드렸던 교인들

죽음을 각오한 용기

김만수 집사님이 소천하셨습니다. 88세를 향수하셨으니 오래 사셨습니다. 더구나 잔병치레 없이 건강하게 사시다가, 마지막 떠나시는 날 교회 목사와 이웃들이 부르는 찬송 소리를 들으시며 아내와 아드님들이 지켜보는 가운데 평온히 가셨으니 참 복 받은 분이십니다.

만나 뵐 때마다 특유의 허스키한 목소리로 "아, 글쎄 다리만 아프지 않아도 좋겠어요." 하시던 그 모습, 언제 보아도 온화하셨던 얼굴에는 90년 세월의 더께가 듬뿍 묻어 있었지요.

장례식 때, 큰 아드님에게 아버님의 약력을 소개하라고 하였습니다. '평생 농사만 짓고 살아오신 분의 약력에 뭐 그리 특별한 것이 있을까?' 하는 생각도 있었지만, 어쩐지 이번 장례식에서는 고인의 약력을 소개하고픈 생각이 들었습니다. 약력 소개에 의하면, 1914년에 태어나 2001년에 돌아가신 집사님은 평생을 화정리에서 사셨습니다. 딱 한 번 외지에서 사신 일이 있는데, 그것은 대동아전쟁 때 징용으로 끌려가 동남아 어느 나라에서 고생하신 때입니다. 징용으로 끌려가신 지 310일 만에 탈출하여 고향으로 돌아오셨다고 합니다. 집사님이 징용 갔다 오신 것은 이미 들어 알고 있었지만, 그곳에서 탈출하여 오셨다는 얘기는 처음 듣는 것이었습니다.

　일제 징용은 많은 젊은이들을 고생과 죽음의 수렁으로 몰아간 일이었습니다. 그런 비인간적이고 불합리한 일에 과감히 '아니' 라는 결단을 내리고 이대로 노예처럼 살다가 죽을 수 없다는 생각에 탈출하셨겠지요. 죽음을 각오한 용기 없이는 할 수 없는 일을 하신 것입니다. 그렇게 죽음을 넘나드는 모험을 하셨던 분의 얼굴이 평생 그렇게 온화하셨다는 것이 신기하기만 합니다. (2001.12.9)

새해를 맞으며

전도서에 "해는 뜨고 해는 지되 그 떴던 곳으로 빨리 돌아가고…"(전 1:5)라는 말씀이 있습니다. 그렇습니다. 해는 새로운 해가 떠오르는 것이 아니라 그 전에 있던 해가 다시 한 번 떠오르는 것입니다.

"이미 있던 것이 후에 다시 있겠고 이미 한 일을 후에 다시 할지라. 해 아래에는 새 것이 없나니 무엇을 가리켜 이르기를 보라. 이것이 새 것이라 할 것이 있으랴. 우리가 있기 오래 전 세대들에도 이미 있었느니라."(전 1:9~10)

"내가 해 아래에서 행하는 모든 일을 보았노라. 보라 모두 다 헛되어 바람을 잡으려는 것이로다."(전 1:14)

새해가 밝았습니다. 지난 해에 떠오르던 해와 새해 아침에 떠오른 해가 다른 것이 아니지만, 사람들은 지구가 태양을 한 바퀴 도는 1년이 지날 때마다 "새해가 밝았다."고 말합니다. 그러나 새해 아침에 우리가 맞이하는 해는 새로운 해가 아닙니다. 그 전에도 있었고 앞으로도 있을 해일 뿐입니다. 그런데도 사람들은 "새해가 되었다." 또는 "새해가 밝았다."고 말합니다. 이것은 아마 새 마음과 새 각오로 다시 시작하려고 하는 사람들의 의지가 그렇게 표현된 것이 아닌가 합니다.

하나님은 모든 피조물이 조화롭게 살도록 만드셨습니다. 그러기에 가장 아름다운 삶은 조화를 이루며 사는 것입니다. 그러나 사람들은 마치 자신이 시간의 주인인 양 착각하며 살아왔습니다. 전도서는 시간의 주인은 하나님이시며 하나님이 주신 시간 속에서 겸손히 살아야 한다고 가르치고 있습니다. 또 하나님이 만들어 주신 자연의 질서에 순응하여 조화를 이루며 살아야 한다고 교훈하고 있습니다. 이러한 진리를 잊고 인간이 마치 이 세상의 주인인 것처럼 행사하는 모든 일은, 바람을 잡으려는 것과 같이 헛된 일일 뿐이라는 것입니다. (2002.1.5)

아, 부자 교회 목사님이시군요

지난 주, 새해 목회구상도 하고 생각도 정리할 겸 해서 기도원에 잠시 다녀왔습니다. 목감동 산언저리에 있는 아주 조용하고 소박한 기도원입니다. 기도원 원장님은 감리교회에서 목회하시던 목사님이십니다.

제가 화정교회 목사라고 했더니 원장님이 대뜸 "아, 부자 교회 목사님이시군요." 하십니다. 무슨 말씀인가 했더니, 우리 동네를 여러 번 오셨었는데, 지금 우리교회가 사용하고 있는 폐교를 화정교회가 매입한 것으로 알고 계시는 것이었습니다. 조그마한 시골 교회가 그 큰 땅덩어리를 샀으니 부자 교회라고 생각하신 것입니다. 물론 사실과는 다르지만 그리 기분 나쁜 오해는 아닌 듯합니다.

원장님이 또 이어서 하시는 말씀이, "화정동에 막국수 먹으러, 콩비지

먹으러, 칼국수 먹으러 많이 갔었는데 그 식당 주인들이 모두 화정교회 교인이더군요. 그리고 그분들이 모두 믿음이 좋더라고요. 그분들이 교회 건축의 반은 넘게 감당할 것 같던데요. 그래서 화정교회 목사님이 목회를 참 잘하시나 보다 하고 생각했지요." 하십니다. 그래서 제가 물었지요.

"목사님, 무얼 보고 그렇게 생각하셨습니까?"

"아, 모두들 친절하고 얼굴이 밝고, 그리고 대동강에 갔더니 그 집 남자가 목사님 책 열심히 선전하며 팔던데요."

이런! 교회에도 나오지 못하는 유현이 아버지가 제 책을 그렇게 열심히 팔았군요. 좋은 인상을 보여 준 우리교회의 식당주인 여러분 고맙습니다. 목감기도원 원장 목사님이 잘못 알고 계신 것이 여럿이었지만, 어쨌건 우리교회와 교우들에 관한 좋은 소문이 나 있다는 것은 기분 좋은 일입니다.

새해에는 그 원장님이 잘못 알고 계신 것이 사실로 되기를 기대해 봅니다. 그리고 우리 화정교회 교우 여러분 모두 각자의 삶의 자리에서 좋은 소문 더 많이 내면서 사시기를 바랍니다. (2002.1.13)

어떤 헌금

감사헌금의 감사 내용

예쁜 화정교회에 방문하게 됨을 기쁘게 생각합니다.
「때론 자전거를 메고 갈 수도 있다」 감명 깊게 읽었습니다.
덕분에 이렇게 방문할 기회를 하나님께서 주셨구요.
화정교회의 부흥과 목사님의 강건함을 주님의 이름으로 기도드립니다!

– 한춘옥 성도 드림 (2002.1.20.)

* 누군지도 모르는 분이 교회 현관에 놓고 간 헌금봉투에 적힌 내용입니다.

때론 자전거를 메고 갈기여

안녕하세요. 목사님! 좋은 책 주셔서 고맙습니다.

마음이 푸근해지고 넉넉해지니 감사합니다. 주님의 모습들을 보는 듯해서 더욱 고맙습니다.

겉표지에 보니 목사님 고향이 상동이던데요. 상동은 저의 큰외삼촌이 잠깐 사셨던 곳이라 더욱 반갑네요. 저는 목사님의 고향이 영월 어딘가로 알고 있었는데 상동이라니 기분이 참 묘하네요. 상동은 중석을 캐내는 곳이고, 장성은 석탄을 캐내는 곳이 아니던가요. 저의 큰외삼촌은 장성의 석탄광 내에서 막장일을 하시다가 돌아가셨다고 들었습니다.

순박하고 꾸밈없는 동네분들이 한 분 한 분 따스하게 느껴집니다. 마치 내 어린 시절 동네 아저씨, 아줌마, 할아버지, 할머니를 보는 듯합니다. 잊고 살았던 기억들을 다시금 일깨워 주셨습니다. 불현듯 고향 친구들을 만나러 갈까 하는 생각을 가져보기도 했습니다. 그리고 "나도 때론 자전거를 메고 갈기여!" 하면서 혼자 킬킬거리기도 했습니다.

주위분들에게 많이 권할 작정입니다. 계속해서 좋은 목회 하시고 좋은 글 써 주시기 바랍니다.

2002년 2월 26일 밤, 최효순 드림 (2002.3.3)

* 이 글을 보내신 분은 현재 서울 군자초등학교 고참 평교사이며, 제가 전에 있던 교회의 권사님입니다.

서운한 일 투성이

박한준 집사님 가정이 새해 들어 가까운 장곡으로 이사하면서 다시 우리교회에 나오게 되었습니다. 좋다 싶었더니 권민호·김연정 씨 내외가 "직장 사정상 화정교회를 잠시 떠나게 되었다."며 미안해합니다. 목사에게 미안해할 것이 없지만 떠나보내는 목사의 마음은 서운합니다.

그런데 2주 전에, 20여 년 전 제가 군인교회 있을 때 함께 신앙생활하던 신동훈 집사님이 찾아오셔서 우리교회에 출석하기로 하였습니다. 반갑고 기쁜 일이지요. 그러나 기쁜 일도 잠시, 방덕수 권사님 댁이 올 여름에 부평으로 이사 가기로 결정했다는 얘기를 듣게 되었습니다. 계속 우리교회를 찾아오는 사람만 있으면 좋겠는데, 이렇게 한 사람 들어오면 한 사람 떠나니….

벌써 오래 전부터 우리교회 할머니 몇 분이 저에게 족쇄를 채우셨습니다. "목사님들이 정들만 하면 대처의 큰 교회로 가 버리시더라."면서 "목사님은 저 죽거들랑 장례 치르시고 가셔야 해요!" 하셨던 문 권사님은 집이 기울어지면서 먼 곳으로 이사를 가시고, "나 죽거든 화정교회 박 목사님이 장례 치르게 해야 한다고 큰아들에게 일러두었노라."고 하시던 민임식 집사님은 소사의 아드님 댁으로 이사 가셨습니다. 게다가 막내아들(조은자 속장) 네까지도 멀리 용인으로 이사 가 버리니 화정교회에 출입하실 일이 거의 없어져 버렸습니다. 이 어르신들, 젊은 목사에게 족쇄만 채워 놓고 당신들이 먼저 이사 가 버리셨습니다.

방 권사님은 아직 저에게 "나 죽거든 내 장례 치러 달라."는 말씀이 없었습니다만, 저는 화정교회 역사 가운데 그래도 가장 긴 세월 동안 함께 하였던 박 목사가 장례를 모셔야 하지 않을까 하고 생각해 오던 중이었습니다. 그런데 이사를 가셔야 한다는군요. 가셔야지요. 다만 목사가 수십 년 동안 화정교회에서 하나님을 섬겨 오신 할머니들을 위해 좋은 일 할 수 있는 기회가 하나씩 없어진다는 것이 서운하다는 말입니다. (2002.3.10)

본인은 알려지기 원치 않지만

　누가 얼마를 헌금했노라고 광고하는 것은 그리 덕스러운 일이 아니라고 생각합니다. 그러나 때로는 널리 알려서 좋은 경우도 있습니다.

　몇 달 전, 김승현이가 "군대 가기 전에 어디 취직해서 건축헌금을 좀 마련해야겠다."고 한 말을 전해 듣고 아내가 국수집 '대동강' 에 취직하도록 도와 주었습니다. 주방에서 일하는 조수(부주방장) 일입니다. 열심히, 그리고 주인의 마음에 맞게 일 잘하고 있습니다. 주인인 최정은 집사님이나 남편, 그리고 시어머니까지 칭찬을 아끼지 않습니다.

　승현이가 "군대 가기 전에 받은 월급은 모두 건축헌금 하겠다."고 말했던 것을 이행하지 않는다 해도 문제될 일은 아닙니다. 그냥 자기 어머니에게 한 말일 뿐이지, 목사에게 약속을 했다거나 약정서를 내면서 하나님께 약속한 것도 아니기 때문입니다. 저는 그저 승현이가 남의 집에서 일하면서 칭찬 듣고 자기에게 맡겨진 일을 잘하고 있다는 소식을 듣는 것만으로 좋았습니다. 그리고 매월 정확하게 십일조 하는 것을 기특하게 생각했습니다.

그런데 2주 전, 김승현이 건축헌금을 바쳤습니다. 550만 원이라는 큰 금액입니다. 지난 몇 달 동안 월급 타서 십일조 떼고 감사헌금 바치고 그리고 나머지를 모은 돈 전부입니다. 경제적으로 풍족하지 못한 가정의 젊은 청년 마음에 쓰고 싶은 유혹이 얼마나 많았겠습니까? 그리고 돈이라는 것이 많아지면 많아질수록 얼마나 더 욕심나게 하는 물건입니까? 그러나 승현이는 처음 결심을 지켰습니다. 자기와의 약속, 어머니와의 약속을 지킨 것입니다.

세상에는 약속을 지키지 못하는 사람들이 많습니다. 자기 자신과의 약속(결심), 이웃과의 약속, 그리고 하나님과의 약속도 지키지 못하는 사람들 투성입니다. 그러기에 승현이가 어머니와 지나가는 말처럼 했던 약속을 지킨 것이 더욱 값져 보입니다. 하나님께서 승현이에게 우리가 계산할 수 없을 만큼 크게 복주시겠지요? (2002.4.7)

양젖 이야기

　교인들이 가끔 오래 전에 우리교회를 담임하셨던 나명호 목사님 이야기를 합니다.

　"나 목사님이 제일 고생 많이 하셨다."는 얘기, 나 목사님이 매일 아침 너빌마을을 향해서 "회개하라!"며 고함치시곤 했다는 이야기 등 그분의 이야기가 많습니다. 나 목사님이 특별히 더 고생하신 것은 식구가 많아서였다고 합니다. 몇 안 되는 교인들의 헌금으로 충분한 사례를 하지 못했음은 어찌할 수 없는 일이었겠지요.

　한국 교회의 목회자들 가운데 굶지 않는 분들이 흔치 않던 40여 년 전의 일입니다. 감리교 본부에서 가난한 시골 목회자들의 호구지책을 위해 양을 사서 보내 준 적이 있습니다. 화정교회의 나명호 목사님도 그 양을 받아서 키웠다고 합니다. 털 깎는 양이 아닌 젖 많이 내는 양이었다고 합니다. 양젖을 짜서 식구들이 나눠 마셨던 것입니다. 그것이 굶주림을 메우는 데 큰 도움이 되었다고 합니다. 지금은 40대 후반이 된 권사님, 집사님들이 그 때 나 목사님에게서 얻어마셨던 양젖 이야기를 가끔 합니다. 동네 아이들이 교회 근처에서 놀고 있으면 목사님이 꼭 불러들여 찌그러진 양은그릇에 양젖을 가득 담아 주시곤 했답니다. 참으로 먹고 살기 치열했던 시절의 이야기입니다. 당신네 식구들 마시기에도 모자랐음에도, 역시 먹을 것이 넉넉지 못했던 동네 아이들에게 비린내 나는 양젖이나마 가득 담아 주셨던 옛 목사님의 모습이 포근하게 그려집니다.

　요즘 사택에는 매주 우유 3리터가 배달됩니다. 위생적으로 처리되고 종이팩으로 산뜻하게 포장된 우유입니다. 어디서 "우유 많이 먹으면 키가 잘 큰다."는 말을 들은 둘째 아이의 요청에 시작된 것입니다. 손수 양을 키워 그 젖을 자녀들에게 먹여야 했던 선배 목사님들을 생각하니, 배달되는 우유를 가만히 앉아 받아먹는 우리는 정말 호강입니다. (2002.4.21)

모두 귀한 것들인데

　요즘, 유심히 예배당 안팎을 살펴봅니다. 예배당 지붕은 지은 해부터 시작하여 몇 년 전까지 비가 새었습니다. 천정 곳곳이 부르트고 얼룩진 모습, 예배당 바닥이 흉하게 일어나고 터진 것 모두 비가 새어들어 온 때문이었습니다. 비싼 모노륨을 깐 바로 그 해에 그런 재난(?)을 당한 터라, 헌금을 하였던 권혁관 · 김순희 권사님 내외분에게 민망한 마음을 갖곤 하였습니다.

　예배당 내부를 둘러싼 커튼, 빛바랜 낡은 커튼이지만 제가 부임할 당시만 해도 아주 짙은 황색의 고급스런 것이었습니다. 교인들이 등짐지면서 지은 예배당이라 허술한 곳 많은 건물 내부를 20년 가까이 아늑하게 가려 준 커튼입니다.

우리교회의 상징과도 같은 등나무는 여느 해와 다름없이 우리교회를 포근하게 만들어 주고 있습니다. 예배당을 짓기 위해서는 이 등나무를 먼저 옮겨 심어야 합니다. 등나무를 그냥 두고 그 옆에 교회를 지을 수 있으면 좋겠는데, 법적 제약 때문에 그럴 수 없으니 할 수 없는 일입니다. 어디로 옮겨야 할지, 그리고 옮겨서 잘 살 수 있을지 하는 염려도 있습니다.

비품 하나, 벽돌 한 장, 나무 한 그루도 교인들의 정성이 담겨 있는 귀한 것입니다.

이제 올 가을부터는 마당에 있는 나무들의 대이동이 시작될 것입니다. 그리고 내년 봄에는 지금의 예배당과 사택을 헐 것입니다. 교회에 올 때마다 눈에, 그리고 마음에 담아 두십시오. 저는 이제부터 오랫동안 쓰지 않았던 사진기로 교회 안팎 이곳저곳을 찍어 두려고 합니다. (2002.5.26)

V.I.P

그저 되는대로 허름하게 입고 다니는 것에 익숙해 있다 보니 가끔은 엉뚱한 오해를 받습니다. 예를 들면 이런 것입니다. 교회 헌금을 은행에 넣는 일을 오랫동안 해 오고 있는데, 주마다 잔돈을 잔뜩 가져오곤 하니까 하루는 은행 창구 직원들이 "무엇 하시는 분이냐?"고 묻더군요. 그 물음에 대답하지 않았더니 자기들끼리 말합니다.

"무슨 장사를 하는 분 같긴 한데….."

그 다음주에는 양복을 쭉 빼입고 은행에 갔습니다. 지난 주에 집요하게 물어 보던 여직원이 놀라는 표정으로 "어머나! 장사하시는 분 같지 않네. 실례지만 하시는 일이 무엇이죠?" 하고 또 묻습니다. 그 물음에 한 마디 대답했지요.

"자꾸 묻지만 말고 통장에 찍힌 도장을 봐요."

"어머, 화정교회라고 찍혀 있네. 아, 목사님이시군요. 몰라 봬서 죄송합니다." 그러면서 옆에 앉은 직원과 이야기합니다.

"어쩐지 처음 뵐 때부터 뭔가 다른 분 같더라."

여러분의 목사가 한때 구멍가게 주인으로 오인받았던 것, 죄송합니다. 앞으로는 옷을 잘 입고 다니고 말도 목사처럼 하려고 힘써 보겠습니다.

건축헌금이 시작되면서 통장 금액이 조금씩 늘어 갔습니다. 그러던 어느 날, 저금통장에 '우대 고객'이라는 글씨가 찍히더니 얼마 더 지나서는 V.I.P(우리말로 번역하면 '매우 중요하신 분')라는 글씨가 찍혔습니다. 그래서 물어 보았지요.

"V.I.P가 찍히면 달라지는 것이 무엇인가요?"

"예, 다른 사람들보다 이자가 좀 더 붙고요, 외환을 살 때 더 싸게 사실 수 있어요."

통장에 돈이 많으면 이런 혜택도 있군요. 그렇다면 반대로 통장에 돈이 별로 없는 사람은 이런 혜택도 없다는 말이지요. (2002.5.26)

선물도 받았어요

　새마을금고에 정기예탁했던 건축헌금을 찾아 다른 은행에 정기예탁을 하였습니다. 1억 가까운 돈을 가지고 가서 불쑥 정기예금을 의뢰하였더니 차장이라는 분이 벌떡 일어나 무언가를 가지고 왔습니다. 그리고는 정중하게 머리 숙여 인사하면서 이렇게 말하는 것이었습니다.

　"저희 은행을 이용해 주셔서 고맙습니다. 앞으로 잘 모시겠습니다. 이건 저희 은행에서 드리는 사은품인데 치약입니다."

　그렇습니다. 은행에서 예금을 많이 하는 고객 확보를 위해 그런 선물까지 주더군요. 들은 바에 의하면 예금 단위가 '수억' 단위가 되면 리베이트도 준답니다. 게다가 그런 고객에게는 일반 고객보다 훨씬 싼 이자로 대출까지 해 준답니다. 돈 없는 사람이 아쉬워 대출받으려면 높은 이자를 물어야 하고 그것도 여러 가지 복잡한 절차를 거쳐야 겨우 받을 수 있다는데, 돈 많은 사람들에게는 오히려 은행 지점장이 찾아다니면서 "우리 은행 돈 써 달라."고 한답니다. 그것도 조금 더 싼 이자로 말입니다.

풍돈 넣고 빼는 일로 10년 넘게 다닐 때는 이런 융숭한(?) 대접을 받아 본 적이 없습니다. 그러다가 어느 날 커다란 뭉칫돈을 들고 가니 단번에 '귀하신 손님'이 되어 치약을 선물로 받았습니다. 그렇군요. 적어도 자본주의가 지배하는 이 세상에서는 돈의 많고 적음에 따라 사람의 격과 대접이 달라지는군요. 그래서 사람들이 "돈 돈!" 하면서 사는 것인가요?

이 일을 겪으면서 돈과 사람에 대해 생각해 보았습니다. 그리고 누구나 그 앞에서 환장하는 돈에 대한 성도들의 바른 태도는 무엇일까 생각해 보았습니다. 성도들은 적어도 이 세상 사람들과 같이 "돈! 돈!" 하면서 살지는 않아야 하리라 생각합니다. 그리고 돈 없는 사람이라고 무시해서도 안 되고 돈 있는 사람이라고 그 앞에서 주눅 들어서도 안 되겠습니다.

그건 그렇고 성도들의 건축헌금 예금하고 받은 치약을 어떡하지요?

(2002.6.9)

빨갱이와 빨강이

　　모두 익히 아시다시피 우리는 해방 후 50년 넘게 빨강색에 대한 과민 반응과 알레르기 현상을 겪어 왔습니다. 좌익 또는 공산주의 사상을 가진 사람들을 빨갱이라고 하면서 '빨갱이' 소리만 나면 겁내고 움츠러들곤 하였지요. 자기와 사상이 맞지 않거나 정치적으로 반대에 있는 사람들에게는 먼저 빨강색을 칠하는 사람이 승리하곤 하였습니다. 그 사람이 진짜 빨갱이인가 아닌가 하는 것은 그리 중요하지 않았습니다. 백성들이 눈여겨 알려고 하지도 않았기 때문입니다. 그저 "누구는 빨간 물든 사람이다." 하는 소리만 들리면 "이크, 큰일낼 사람이구먼!" 그것으로 끝이었습니다. 그래서 양심적인 지식인들도, 데모하던 학생들도, 심지어 몇몇 신부나 목사까지도 '빨갱이' 라는 이름아래 고통을 당해 왔습니다. 빨강색 근처에 있거나, 또는 빨강색과는 전혀 관계가 없는 사람들이라도 '빨강색'이라는 색이 칠해지면 그것으로 악마와 같은 존재로 취급당했습니다.

그런데 이게 웬일입니까? 지금 온 나라가 빨강색 아닙니까? 월드컵 초반부터 '붉은 악마'니 뭐니 하더니 16강, 8강, 4강으로 진출하면서 온 나라가 온통 빨강색으로 도배되었습니다. 어린이, 청소년은 물론이고 점잖으신 아줌마, 아저씨들도 빨간 옷을 입었습니다. 그 옷에는 영문으로 'Be the Reds'라는 글이 새겨져 있습니다. 우리말로 직역하면 '빨갱이가 되라'는 뜻이지요. 그토록 증오하고 겁내던 빨강색이 이제는 오히려 대한민국 국민을 하나로 묶어 주는 색깔이 된 것입니다.

4강 시합은 6월 25일에 한답니다. 우리 나라 역사에서 가장 비극적인 사건, 그리고 그것 때문에 대한민국 온 백성이 그렇게 빨강색을 무서워하고 싫어하는 계기가 된 6·25 날 말입니다. 그날에도 온 나라가 빨강색으로 물들겠지요.

월드컵 4강 진출의 저력, 그리고 월드컵으로 인하여 하나 된 백성의 힘이, 갈라진 남북을 하루속히 통일시키는 힘으로 승화되기를 기도합니다.

(2002.6.23)

어설퍼도 귀한 예배당

여름성경학교와 추어탕

    지난 주에 여름성경학교를 잘 마쳤습니다. 시작 전에는 어린이들이 몇 안 될 것 같아 이웃 교회와 연합으로 할까 생각했었는데, 막상 열고 보니 예상보다는 많은 어린이들이 왔습니다.

    몇 년 동안 건너뛰었던 '추어탕'도 끓여 먹었습니다. 몇 달 전 김장연 권사님이, 김시철 씨가 보내 온 10만 원짜리 수표가 든 봉투를 하나 가지고 왔습니다. 봉투에는 '여름성경학교를 위해 써 주세요'라고 씌어 있는데, 정작 김 권사님에게는 "꼭 미꾸라지 사다가 추어탕 끓여 줘야 한다."고 조건을 붙였다는 것입니다. 수십 년 전 당신이 여름성경학교 학생이었던 시절에 목사님과 선생님, 그리고 친구들과 함께 미꾸라지 잡아 추어탕 끓여 먹던 추억을 오늘의 고향 교회 어린이들에게 만들어 주고 싶었던 모양입니다.

　이희남 권사님이 미꾸라지를 사다가 정성껏 끓였습니다. 그런데 아이들은 "이게 뭐야?" 하면서 빨랫줄에 옷 걸어 놓듯이 미꾸라지를 자기들 그릇 위에 걸쳐 놓는 것이었습니다. 몇 년 전까지만 해도 아이들은 자기들이 잡아 온 미꾸라지에 라면 넣고 끓인 추어탕을 서로 많이 먹으려고 했습니다. 그런데 요즘 아이들은 그것이 징그럽다며 건져 놓고 있는 것입니다. 불과 몇 년 사이에 미꾸라지와 아이들 관계가 이만큼 멀어진 것입니다.

　어린이들과 교사들이 논두렁을 뛰어다니며 미꾸라지 잡던 시절이 있었습니다. 아니, 불과 몇 년 전까지만 해도 여름성경학교 마지막 날에는 미꾸라지를 잡아 추어탕을 끓여 먹었습니다. 어느 반이 많이 잡아 오나 경쟁하기도 했습니다. 그런데 어느 해부터 미꾸라지가 잡히지 않게 되었습니다. 이곳저곳 아무리 둘러보아도 한 마리도 보이지 않습니다. 그래서 올해는 사서라도 다시금 '추어탕'을 시도하였던 것인데, 역시 옛날만은 못하네요. 이제 '여름성경학교와 추어탕'은 먼 옛 이야기로만 남게 되었습니다.
(2002.7.28)

떠나보내는 마음

　손성숙 속장님 네가 이사 간다는 소리가 연초부터 들리기 시작했습니다. 설마 하다가 확인해 보니 사실이었습니다. 직장이 바뀌었다거나 피치 못할 사정 때문은 아닌 것 같아 그때부터 속장님을 살살 꼬드겨 보았습니다.

　"꼭 이사를 가야 되나요?"

　"이사 가면 방 권사님이 섭섭하실 텐데?"

　"그래도 방 권사님이 화정교회 다니다가 돌아가셔야지…"

　몇 달을 그렇게 해 보았지만 결국은 이사를 가게 되었습니다. 손 속장님은 오래 전부터 남편이 교회에 함께 다니기를 하나님께 기도해 왔지만 그것이 이루어지지 않아 애를 태우고 있었습니다. 그러던 중에 남편이 "이사

가면 그 동네 교회에 나가겠다."고 제안해 와 이사를 결심하게 됐다는 것입니다. 이러한 속장님 말에 더 이상 붙잡을 구실이 없었습니다. 인가 귀도를 위해 애타게 기도했을 속장님이나 권사님에게 오히려 미안한 마음이 들었습니다. 목사가 변변치 못하여 그분들의 소원 성취를 위해 도와 준 것이 하나도 없다는 자책 때문이었습니다.

방 권사님은 현존하는 우리 교인들 가운데 가장 오래된 권사님이십니다. 젊은 시절부터 교회를 위해 일 많이 하셨습니다. 지난 수십 년간, 다녀 가신 목회자들에게 자주옷감 장수 루디아가 사도들에게 베풀었던 사랑과 봉사를 앞장서서 실천하셨던 분입니다. 80이 넘은 지금도 매일 성경을 읽으시는 성실함을 보여 주십니다. 우리교회에서 52주 동안 한 주도 거르지 않고 감사헌금을 바치는 분은 방 권사님밖에 없습니다. 어제도 오늘도 우리 화정교회에 참으로 귀하신 방덕수 권사님이 부평으로 이사를 가시게 되었습니다.

이사 가는 손 속장님이나 더불어 가야만 하는 시어머니 방 권사님의 발걸음이 가볍지는 않겠지요. 떠나보내는 화정교회 성도들의 마음도 모두 서운할 것입니다. 그러나 순수하고 갸륵한 뜻을 가지고 이사를 간다고 하니 그 일이 잘 이루어지기를 합심하여 기도해 드려야겠습니다. 주일마다 시어머니 손잡고 교회를 출석하는 모습이 아름다웠던 손성숙 속장님, 주님께서 복주실 것입니다. (2002.8.18)

어설퍼도 귀한 예배당

지난 주일 저녁, 예배 시간보다 일찍 오신 권사님, 집사님들이 등나무 아래 의자에 앉아 이야기를 하고 있었습니다. 20년 전, 지금의 교회를 지을 때를 회상하는 이야기였습니다.

장영분 권사님 : "메질(벽돌 사이를 보기 좋게 메워서 다듬는 일)을 할 줄 모르는 우리가 해서, 건물이 어설프게 되었지 뭐야."

이영자 집사님 : "그때는 내가 마흔 살이었는데 지금 벌써 60이 넘었으니…."

강복석 권사님 : "그런데 우리가 저 높은 데를 어떻게 올라 다녔지?"

대강 이런 내용이었습니다. 이제 머지않아 새 예배당을 짓는다는 것이 기쁘기도 하지만, 한편 그렇게 정성들여 고생하여 지은, 20년간 정든 예배당을 헐어야 함을 아쉬워하는 마음들이 이야기 속에 묻어나 있었습니다. 비록 예전 예배당 짓는 일에 조금도 관여하지 않았지만 저 역시 지금 예배당을 헐어야만 하는 것이 마음 아픕니다.

집 짓는 일에 서툰 교인들이 지은 예배당이라 결함이 많습니다. 특히 짓고 나서부터 비가 샌 지붕 때문에 고생도 많이 했습니다. 보이는 그대로만 보면 과히 좋은 건물은 아닙니다. 그러나 중요한 것은 이 예배당에 담겨진 이야기라고 생각합니다. 비록 메질을 잘 못해서 비가 새긴 해도 예배당 벽을 이루는 벽돌 하나하나에는 교인들의 정성이 담겨 있습니다. 지금 80세가 넘으신 강복석 권사님이 "저길 우리가 어떻게 올라 다녔지?" 하시는 것을 보면 당시 60세가 넘은 할머니들도 벽돌을 나르며 일하셨던 것 같습니다, 남녀노소 온 교인의 정성이 담긴 예배당입니다. 심지어는 교회에 다니지 않는 동네 아저씨들의 땀도 예배당 곳곳에 녹아들어 있습니다.

교인도 많지 않았고 따라서 건축 헌금도 충분치 못한 가운데 지은 예배당이기에, 크고 화려하게 지은 예배당과 외형적으로는 비교가 되지 않습니다. 그러나 그 속에 담긴 정성과 아름다운 봉사는 어느 교회의 예배당보다도 찬란하게 빛납니다. 저는 요즘 새로 지을 예배당에 담겨질 교인들의 정성은 어떤 모습으로 나타날지 잔뜩 기대하고 있습니다. (2002.8.25)

재활용

    새 예배당을 짓기 위해서는 지금의 예배당과 사택을 헐어야 합니다. 20년 밖에 안 된 건물이기도 하려니와 교인들이 성심성의껏 헌금하고 정성 들여 지은 건물이기에, 헐어버려야 한다는 사실이 매우 마음아픕니다. 이러저러한 이유로 재활용할 수 있는 것들은 재활용하려고 합니다. 특히 벽돌은 하나도 버릴 수 없다는 생각을 합니다.

    예배당 지었던 벽돌로 야외 예배실을 만들면 어떨까 생각하고 있습니다. 사택 지었던 벽돌은 울타리와 보도블록으로 재활용하면 되겠다고 생각합니다. 저의 이러한 '재활용' 의지를 아는 교인 몇 분이 이렇게 말씀합니다.

    "벽돌 다듬는 것보다 새 것 사서 쓰는 것이 오히려 돈이 덜 듭니다."

"괜히 사서 고생할 생각 마세요."

이런 얘기를 여러 차례 들었지만 '재활용'에 대한 제 생각은 바뀌지 않았습니다. 벽돌 '재활용'은 두 가지 면에서 의미가 있습니다. 첫째는, 앞서 언급한대로 교인들이 정성들였던 옛 예배당의 흔적을 남길 수 있다는 점입니다. 둘째는, 재활용을 하면 할수록 그만큼 하나님이 주신 자연환경 보존에 유익하다는 점입니다.

이런 속 깊은 뜻을 가지고 생각한 것인데, 정작 교인들 가운데는 썩 좋아하는 분들이 별로 없는 것 같습니다. 벽돌 한 장 해 봐야 기껏 200원 남짓 될 것입니다. 양쪽에 덕지덕지 붙은 시멘트 떼어 내는 수고를 하느니 차라리 새 것 사서 쓰는 것이 더 경제적일 수 있습니다. 그러나 이것은 어디까지나 자본의 논리일 뿐입니다.

앞으로 짓게 될 예배당을 '돈'으로 지을 생각을 해서는 안 되겠다고 생각합니다. 그 속에 정성과 아름다운 이야기를 듬뿍 담는 건축이 되어야 할 것입니다. (2002.9.1)

* 결국에는 교인들의 강력한 뜻에 굴복, 벽돌을 재활용하지 못하고 몇 장만 남겨 두었다가 새 예배당 입구 벽에 박아 놓았습니다.

그들이 교회를 완전히
떠난 것은 아니다

지난 주일 교육관 기공예배에 이어, 화요일에는 터파기가 시작되었습니다. 커다란 포클레인 한 대가 와서 꼬박 3일이나 작업하였습니다. 이 작업은 이미 오래 전부터 약속한 대로 어린 시절 화정리에서 자란 서승열 씨가 감당해 주었습니다.

화요일 아침 일찍 현장에 가 보니, 포클레인 기사와 서승열 씨가 와 있었습니다. 인사를 나누고 잠시 이야기해 보니 이분 역시 주일학교 때 화정교회를 다녔던 분이었습니다. 지금은 비록 교회에 출석하지 않지만 고향교회를 위해 이렇게 기꺼이 포클레인을 보내 준 것입니다. 더군다나 자기 장비가 아니고 회사 장비와 기사를 보냈으니 본인이 현찰 수십만 원을 지불하였을 것입니다. "고맙습니다. 주일학교 다니실 때를 생각하면서 헌금하신 것으로 알겠습니다."며 정중히 인사했습니다.

100여 명이 모이는 작은 교회지만 우리 화정교회에는 이런 힘이 있습니다. 오랜 세월동안 이곳에서 주일학교를 다녔던 사람들이 꽤나 많을 터인데 그들 중에 현재 교회에 다니는 사람은 그리 많지 않은 것 같습니다. 그렇다고 해서 주일학교 교육이 큰 성과를 거두지 못했다고 쉽게 판단해서는 안 될 것입니다. 서승열 씨만 하더라도 어릴 적에 다니던 주일학교를 생각하며 이런 헌신을 한 것이 아니겠습니까? 이분 외에도 몇 분의 옛 주일학교 학생들이 "모 교회 건축을 위해 내가 가진 것으로 봉사하겠다."는 의사를 표하였습니다. 그분들 가운데는 지금 교회에 다니고 있는 사람도 있고 그렇지 않은 사람도 있습니다. 그러나 교회를 다니지 않으면서도 고향 교회를 생각한다는 것은, 아직 그들이 교회로부터 아주 떠나 버리지 않았다는 것을 의미합니다.

저는 우리가 봉헌하려는 '100주년 기념 교회'의 건축 과정에서 이런 헌신들이 많아지기를 기도하고 있습니다. 그리고 그들이 고향 교회를 위해서 헌신하고 봉사하다가 잠시 잃어버렸던 신앙을 되찾게 되기를 함께 기도합니다. (2002.10.13)

능구렁이 술

　오늘은 옛 예배당 건물을 허는 날입니다. 이른 아침부터 포클레인 소리가 나기에 얼른 밖으로 나와 보니 작업을 시작하고 있었습니다. 계단 옆의 주목과 장미는 이미 캐어져 한 곁에 놓여 있었습니다. 이크, 야단났습니다. 30분이라도 일찍 나왔어야 하는 건데…. 계단 옆 장미나무 뿌리 근처에 묻어 둔 능구렁이 술 때문입니다. 10여 년 전, 박선준 권사님이 교회 잔디밭에 출몰한 구렁이를 잡아 소주를 가득 채운 큰 병에 집어 넣은 것입니다. 구렁이 술이 허리 아픈 사람에게는 그만이라고 하여, 깨지지 않게 잘 캐내어 허리 아픈 교인들에게 먹이려는 생각을 하고 있었습니다. 그런데 아무도 모르게 가만히 캐면 될 것을, 어제 여러 사람이 있는 곳에서 그만 구렁이 술 얘기를 하고 말았지 뭡니까?

"예? 구렁이 술을 묻어 놨어요? 어디예요? 내가 요즘 허리가 아픈데…." 하시면서 박순기 장로님이 금방이라도 캐실 것처럼 관심을 보이시는 것이었습니다. 갑자기 욕심이 생기더군요. "장로님, 제가 캐낼 거예요." 그렇게 말하고는 능청을 부렸지요. '내일 아침 포클레인이 도착하기 전에 파야지' 하고 생각했는데, 새벽기도회 끝나고 깜박 잠이 들고 말았던 겁니다.

허겁지겁 삽을 들고 장미 뿌리 근처까지는 갔는데, 윙윙거리며 워밍업을 하고 있는 포클레인의 위세에 눌려 그만 멈추고 말았습니다. 삽질할 생각을 버리고 포클레인 기사에게 묻어 둔 곳으로 추정되는 곳을 알려 주었습니다.

"요기쯤 되니까 한 삽만 살살 떠 주세요."

그런데 어디 그게 제 맘대로 됩니까? 포클레인 기사야 제 말대로 살살 떴는지는 모르나, 갑자기 "퍽" 하는 소리와 함께 온 사방이 향기로운 냄새로 진동하였습니다. 구렁이 술이 담겨진 페트병이 포클레인 끝날에 푹 찍힌 채 올라옵니다. 아, 그때의 아까운 마음! 옆에 계시던 장로님도 아까워 어쩔 줄을 모르십니다.

그냥 장로님이 캐내어 잡수시게 놔 둘 것을, 제 딴에는 여러 사람에게 공평하게 나눠 준답시고 결국은 아무도 못 먹게 만든 꼴이 되고 말았습니다.

"뱀술을 잘못 담그면 상해서 못 먹게 된다."는 말이 있어 마음 한편에는 '혹시 상했을지도 모른다' 는 생각이 있었는데, 퍽 소리와 함께 진동한 향긋한 냄새로 보아 잘 익었던 것 같습니다. 그러나 아무리 잘 되었으면 뭐합니까? 한 방울도 못 먹게 된 것을 …. (2004.4.1)

85만 8천 원

　4월 1일, 예배당과 사택을 헐었습니다. 짓는 데는 몇 달씩 걸렸을 건물들을 허는 데는 단 몇 시간이면 되었습니다. 지난 22년 동안 함께 모여서 예배드리던 정든 예배당, 그리고 18년 동안 목사 가족의 안식처가 되었던 아늑한 사택이, 포클레인이 휘두르는 몇 번의 펀치에 순식간에 무너져 내리는 모습을 보면서 마음이 아팠습니다. 비록 낡고 비 새고 하자가 많은 건물들이었지만 아무리 생각해도 너무 아쉽고 아깝습니다. 그 건물에 담겨진 성도들의 정성은 또 얼마나 큰 것입니까?

　머릿돌과 교회 이름이 새겨진 화강석을 찾아서 잘 보관하였습니다. 새 예배당 입구에 잘 안치하려고 합니다. 그리고 하루 종일 공사 현장에서 고철을 모았습니다. 작은 철근 조각 하나하나에 교인들의 피땀어린 헌금이

들어 있다 생각하니 그냥 버릴 수가 없었습니다. 정말이지 이날 하루만은 고물장수가 되었습니다. 끝나고 계산해 보니 85만 8천 원. 판매 과정에서 고물장수들에게 속고 뜯긴 것이 50~60만 원은 족히 넘을 것 같아 분한 마음도 들었지만, 그래도 이만큼이라도 챙긴 것이 뿌듯했습니다. 22년의 예배당, 18년의 사택은 이렇게 우리에게 85만 8천 원을 남긴 채 사라져 갔습니다. 그러기에 고철을 모아 팔아서 얻은 85만 8천 원은, 그냥 85만 8천 원이 아닙니다.

나중에 교인들을 통하여 들리는 말이 "집을 헐 때 나오는 고철은 철거업자가 팔아서 술 먹는 것이 관례처럼 되어 있다."는 것입니다. 그걸 미처 몰랐기 때문에 저는 열심히 고철을 모아 팔았던 것입니다. 그러나 미리 알았다 해도 그분들에게 그냥 넘겨주지는 않았을지 모릅니다. 교인들이 어떻게 지은 건물인데 그 건물이 마지막 남긴 고철을 술값으로 전락하게 만들 수 있겠습니까?

그날 저녁, 85만 8천 원을 손에 쥐고 하나님께 기도드렸습니다. "주여, 체면 불고하고 고철까지 모아 판 목사를 너그러이 보아주시옵소서. 그리고 목사가 고철 챙기는 바람에 그날 저녁 술 마시지 못한 사람들 시험 들지 말게 하소서." (2004.4.4)

제가 대신 사과합니다

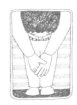

지난 주일, 고개 넘어 이웃 물왕교회의 봉헌예배를 드렸습니다. 60년 넘은 역사를 지녔지만 지금까지 남의 터 위에 예배당 짓고 지내 오다가 몇 년 전 교회 땅을 마련하고 건물을 지은 것입니다. 물왕교회 방응철 장로님이 기증한 150평과 교회가 구입한 50평을 합쳐서 교회 터를 마련했다고 합니다.

장로된 지 10년이 되도록 취임 감사예배를 드리지 못한 방 장로님 취임식도 함께 하였습니다. "남의 땅 위에 초라하게 서 있는 교회 건물을 다시 짓지 않고서는 취임식을 할 수가 없었노라."는 방 장로님의 인사말에는 그분의 순진한 믿음이 담겨 있었습니다.

'취임 장로에게 하는 권면의 말씀'을 제가 하였습니다. 수십 년 전 고리

짝 이야기를 하였지요. 그것은 물왕교회 방 장로님이 화정교회에 교인들 몇 명과 함께 와서 데모하였던 이야기입니다.

물왕교회에 부임한 지 1년밖에 안 된 전도사님이 어느 날, "저 화정교회로 갑니다." 하면서 짐 싸들고 훌쩍 고개를 넘어가 버리더라는 겁니다. 그래서 열 받은 방 장로님이 교인들과 함께 화정교회까지 쫓아와서 "그래 우리교회보다 조금 큰 교회라고 이렇게 1년 밖에 안 된 전도사님을 빼올 수 있단 말입니까?" 하면서 항의를 하신 것이지요. 그런데 그것이 끝이 아니었습니다. 그 후임으로 오신 전도사님도 2년이 지나자 화정교회로 훌쩍 가 버렸다는 것입니다. 입장 바꿔 놓고 생각하면 얼마나 섭섭한 일입니까? 목회자들이 부임한 지 1년 혹은 2년 만에 고개 너머의 조금 더 큰 교회로, 그것도 한 분이 아니라 두 분이나 훌쩍 넘어가 버렸으니 말입니다. 방 장로님이 두고두고 이야기를 하신다 해도 뭐라 할 수 없는 일입니다.

"한 번도 아니고 두 번씩이나 물왕교회 목회자가 (그 속 내용은 모르지만 어쨌든) 1, 2년 만에 화정교회를 향해 고개 넘어 오게 한 것, 제가 한 일은 아니지만 화정교회를 대표해서 사과드립니다. 사과가 너무 늦었지요?" 했더니 예배에 참석한 사람들이 모두 크게 웃었습니다. 방 장로님도 멋쩍게 웃으시더군요.

사실 지금에서야 먼 옛날이야기이기에 웃을 수 있지만, 당시 방 장로님이나 물왕교회 교인들이 받은 상처는 얼마나 컸겠습니까? 그분들의 입장에서 볼 때 '우리교회보다 큰 교회라고 그렇게 목회자를 쏙 빼 가다니…'

또는 '그래, 목회자가 밥그릇 조금 더 크다고 바로 코앞의 교회로 옮겨?'
하는 것밖에 다른 생각을 할 수 있었겠습니까? 우리 화정교회가 오래 전부
터 작고 가난한 교회인줄로 알았는데, 이렇게 한 지방 안의 더 작은 교회에
서 옮겨 오신 목사님이 두 분이나 계셨네요. 전후 사정은 잘 모르겠고 뭔가
사정이 있어 그렇게 했으리라 생각하지만, 어찌되었든 화정교회가 물왕교
회 교인들의 마음을 두 번씩이나 아프게 한 셈입니다. (2002.10.20)

다르면서도 같은 헌금

  오늘 전혀 생각지도 않았던 건축헌금을 받았습니다. 하나는 우리교회
가 지난 몇 해 동안 한 달에 10만 원씩 선교 지원금을 보내고 있는 강화도
고구리교회의 김일형 전도사가 보내 온 것입니다. 작년에도 그러더니 이
번에도 텃밭에서 손수 가꾼 고구마를 택배로 보내 왔습니다. 가격으로 따
져 봐야 택배 비용보다 더 많을 것 같지 않은 1관 정도의 고구마입니다. 고
구마 박스를 열어 보니 '건축헌금'이라고 쓰인 흰 봉투에 헌금 5만 원이
들어 있었습니다. "지난 한 해 동안 도와 주신 것 감사드립니다. 헌금 액수
는 적지만 연초부터 드리고 싶었던 것 보내 드립니다."라는 편지가 함께
들어 있었습니다.

  고구리교회는 1년 예산 다 해 봐야 천만 원도 되지 않는, 큰 교회의 도움

없이는 지탱할 수 없는 작은 시골 교회입니다. 이곳저곳에서 조금씩 보조받아 생활하는 형편에 이렇게 자기를 돕는 화정교회의 건축을 위해 5만 원을 보내 왔습니다. 5만 원이 액수로는 적은 것이지만, 그 속에 담긴 김 전도사의 정성과 의리는 우리를 감동시키고도 남았습니다.

또 하나는 몇 년 전에 반월중앙교회로 이명하여 간 김순희 권사님이 가져오신 헌금입니다. 권사님 역시 1년 동안 기도하며 틈틈이 모은 것이랍니다. "화정교회가 건축을 하는데 제가 조금이라도 더 헌금해야 되겠다는 마음이 들어서요. 목사님, 얼마나 힘드세요. 얼마 안 되지만 건축에 보태 주세요." 하면서 헌금봉투를 건네주시는데, 그 속에는 1천만 원짜리 수표가 들어 있었습니다. 김 권사님은 "얼마 안 된다."고 하셨지만 천만에요. 정말 생각지도 않았던 큰 헌금을 받았습니다. 마침 돌아오는 월요일에 공사 중도금을 치러야 하는데 꼭 천만 원이 부족하여 걱정하던 터에 때맞춘 듯이 가져오신 헌금이었습니다. 수년 전에 화정교회를 떠났지만 이렇게 위하여 기도하며 마음을 함께하는 권사님의 정성이 고맙습니다.

고구리교회 전도사님의 5만 원, 그리고 김순희 권사님 내외분의 1천만 원. 액수는 다르지만 그곳에 담긴 정성과 의리, 그리고 우리를 감동시키는 헌신, 주님께서 기뻐 받으실 헌금이라는 면에서 같은 것이라 생각합니다.

(2002.11.17)

아이, 깜짝이야

지난 화요일 새벽, 기도회를 마치고 집에 들어오는데 전화벨이 울렸습니다. 깜짝 놀라며 전화를 받았지요. 목사의 집에 새벽같이 전화가 오는 것에는 무언가 심상치 않은 이유가 있을 것이기 때문입니다. 이를 테면 누가 사고를 당했다거나 누가 돌아가셨다거나 하는 급박한 일이 아니고는 이른 새벽에 전화할 사람이 없는 것입니다.

전화를 받으니 "어머나! 목사님이세요." 하며 반가워하는 소리가 들리는데, 전화를 건 주인공은 이신덕 권사님이었습니다.

목사 : "아니, 권사님 새벽부터 웬일이세요?"

이 권사님 : "기도 마치고 제단에 촛불 끄려고 올라갔는데 목사님이 꼼짝 않고 엎드려 계시길래… 아유, 됐어요."

그 이상은 설명하지 않아도 이해하시겠지요? 기도를 마치신 권사님은 교회 안에서 아무 소리도 들리지 않으니까 당신이 마지막으로 남으신 줄 생각하신 거지요. 그래서 제단의 촛불을 끄고 가려고 올라가 보니, 목사님이 강단 의자에 엎드려 아무 소리도 내지 않고 꼼짝 않고 있는 것이 아니겠습니까? 집으로 돌아오신 권사님은 '혹시 목사님에게 무슨 일 생긴 거 아녀?' 하는 불안한 생각을 하셨던 것 같습니다. 전화기 저편에서 들려오는 권사님의 음성은 '휴~, 아무 일 없구나!' 며 안심하시는 것이 분명하였습니다.

　권사님 전화 때문에 새벽부터 깜짝 놀랐습니다. 그런데 조금 더 생각해 보니 저 때문에 권사님이 먼저 깜짝 놀라셨구먼요. 그날따라 소리내지 않고 조용히 기도한 것이 본의 아니게 권사님을 놀라게 해 드렸군요.

(2003.2.2)

천당 같은 곳

　기획위원들과 함께 청주의 '좋은교회'와 좋은교회가 만든 '좋은동산' (수양관)을 견학하였습니다. 그 전 주에 우리교회에 와서 부흥회 강사로 수고하신 친구 한영제 목사님이 시무하는 곳입니다. 넓은 대지에 아름답게 건축된 교회도 구경하고, 자연과 지형 조건을 그대로 살려서 지은 수양관에서 하루를 묵기도 했습니다. 장로님과 권사님들이 모두 "좋은 기회였다."고 말씀하시니 저 역시 기쁩니다.

　김종길 권사님이 "얼마나 좋은지 천당에 온 것 같다."는 말씀을 하셔서 모두 웃었습니다. 그렇습니다. 온 성도들의 기도와 헌신으로 지어진 아름다운 수양관에서, 오랜만에 나들이 나온 기획위원들이 함께 당회를 준비하며 친교하고 기도하니 얼마나 좋은 일입니까?

천당을 '예수 믿는 사람들이 죽어서 가는 곳'으로만 생각하는 사람들이 많습니다. 그러나 그것만이 전부가 아닙니다. 예수 믿고 변화 받아 사랑과 평화의 삶을 살아가는 곳에서, 형제가 연합하여 마음을 함께 하며 떡을 나누는 곳에서도 천국의 삶을 체험할 수 있는 것 아니겠습니까?

저는 김 권사님의 말씀을 들으면서 '우리 화정교회도 천당 같은 곳이 되어야 하지 않을까?' 하는 생각을 하였습니다. 동시에 '변화된 사람들이라야 천당을 이룰 수 있는 것'이라는 생각도 했습니다. 지금 교회 건축이 진행 중에 있습니다. 그러나 겉모양만 아름답게 지어서는 '천당 같은 곳'이 될 수 없음을 우리는 알고 있습니다. 우리의 찌들고 강퍅해진 마음들이 녹아지고 회개하게 되는 때부터 우리교회도 '천당 같은 곳'이 되리라고 믿습니다. 우리의 힘으로 '천당'을 만들 수는 없습니다. 그러나 '천당 같은 곳'은 이루어 갈 수 있으리라 생각합니다. (2003.2.16)

등나무를 옮기면서

지난 목요일(3일), 예배당 앞의 등나무를 옮겼습니다. 방상덕 장로님이 군에서 제대하면서 심은 등나무입니다. 손가락 굵기만 했던 것이 50여 년이 지난 오늘에는 밑동의 둘레가 1m 가까이 되는 큰 나무가 되었습니다. 오랜 동안 한여름의 뜨거운 해를 가려 준 고마운 등나무입니다. 지나가던 사람들이 "아니 이렇게 큰 등나무가 있어?" 하면서 신기해하기도 하던, 우리교회의 큰 상징 같은 등나무입니다. 그대로 둘 수만 있으면 참 좋겠는데, 그 등나무를 피해서는 예배당을 지을 수 없으니 안타깝지만 어떡합니까?

14년 전, 이희남 권사님이 눈이 충혈되면서까지 열심히 용접하여 만들었던 등나무대(파고라)를 먼저 해체하였습니다. 그 자리에 두면 아직도 십 수년은 더 쓸 수 있지만 등나무를 옮기기 위해서는 어쩔 수 없는 일이었습니다.

등나무는 이미 몇 주 전에 권사님들이 가지치기를 해 놓은 상태라 뿌리째 떠서 옮기기만 하며 되었습니다. 그런데 이게 웬일입니까? 포클레인이 등나무 뿌리 근처를 파내고 뿌리를 들어 내려고 하는데 꿈쩍도 하지 않는 것입니다. 오히려 그 힘센 포클레인이 앞으로 곤두박질하려 하였습니다. 할 수 없이 김장연 권사님이 뿌리를 톱으로 잘라 내느라 고생하였습니다.

두어 시간 동안 고생한 끝에 등나무를 옮길 수 있었습니다. 지금 등나무는 새로 지은 교육관 건물 마당의 마을 쪽 끝 부분에 심겨져 있습니다. 가지를 다 잘라 버려서 엉성하기 그지없는 모습입니다. 옮기는 과정에서 상처도 생겼습니다. 앞으로 몇 년간은 시원한 그늘을 만들어 주지 못할 것 같습니다.

그렇지만 우리는 묵묵히 기다릴 것입니다. 등나무가 뿌리를 든든히 잘 내리고 자라서 옛날과 같은 그늘을 회복할 때를 말입니다. 이제 50년 묵은 우리교회의 등나무는 새로운 생명운동을 시작할 것입니다. 이 등나무가 자리잡고 자라 큰 그늘을 만들어 가는 것처럼, 우리교회도 선교의 새로운 100년을 시작하면서 많은 사람들이 찾아와 평화를 얻고 쉼을 얻는 푸른 초장과 같은 교회가 될 것이라 믿습니다. (2003.4.6)

돈 때문에

　교회 앞 넓은 논을 매립하느라고 오고 가는 덤프트럭, 불도저 소리, 교회 건너편 점녕 씨네 가옥 신축장에서 일하는 펌프카의 쿵쾅거리는 소리들이 고주물마을을 뒤덮고 있습니다.

　이제 몇 년 안에 6·25 직후 지었던 집들이 모두 헐리고 현대식 새 집들로 가득 찰 것입니다. 더구나 마을 안쪽으로는 그린벨트가 곧 해제된다고 하고, 지목이 대지인 곳은 해제되기 전에도 건물을 지을 수 있다고 하니 집들이 꽤 많이 들어서게 될 것입니다. 좋은 일입니다.

　그런데 어느 날 윗마을 쪽엘 가 보니 커다란 회색 건물들이 들어서 있었습니다. 논 메우는 불도저 소리와 집짓는 펌프카 소리를 들으며 마을의 변화를 느꼈는데, 윗마을에는 소리도 없이 큰 공장 건물이 들어서 있었습니다. 오랜 동안 윗마을 쪽 출입을 하지 않았더니 저도 모르는 사이에 공장이 몇 개 들어섰습니다. 집으로 돌아오는 길에는 무언가 숨이 턱 막히는 것 같은 기분이 들어 살펴보니, 마을 한가운데 컨테이너 박스들로 잔뜩 둘러싸인 거대한 천막이 있는 것이었습니다.

아, 돈 때문이군요. 건물을 지을 수 있게 되었겠다, 노는 땅에 공장 지어 세를 놓으면 1년 농사는 물론이고 웬만한 직장생활로 받는 것보다 훨씬 많은 돈이 생긴다고 합니다. 그리고 공터를 창고업자에게 빌려 주는 것도 수입이 괜찮다고 합니다. 제 땅에 공장 지어 임대한다거나 제 땅 남에게 빌려 주는데 감히 누가 뭐라고 할 수 있겠습니까?

그러나 그런 모습을 바라보는 성질 까다로운 목사의 마음은 매우 우울합니다. '내가 공장 지어 임대함으로 이웃들이 받는 피해', 그리고 수백 년 동안 아름답게 유지되어 온 마을 자연이 훼손되는 문제는 간과한 채 너무나 손쉽게 귀중한 것들을 버리는 것 같아서입니다. 우리에게는 진정 돈으로 바꿀 수 없는 귀한 것들이 있는데, 그것들을 너무 하찮게 여기는 것 아닌가 하는 생각이 듭니다. 이제부터 우리 화정교회 교인들만이라도 자기 땅과 집을 잘 관리(?)하시면 좋겠습니다. 땅을 팔거나 건물을 짓는 일은 제발 기도하고 생각하고 또 생각하면서 하면 좋겠습니다.

한 번 파괴된 자연이나 마을은 영원히 회복될 수 없다는 것을 기억하면 좋겠습니다. (2003.5.18)

와이셔츠

지난 화요일, 서울 순천향병원에 입원해 계신 임인순 권사님 문병 길에 있었던 일입니다. 중환자실 앞 로비에서 기다리고 있는데, 웬 활기찬 중년 여성 한 분이 오시더니 "목사님 오신다고 해서 점심식사를 대접하려고 왔다."며 인사를 하십니다. 일전에 전화 통화를 한 번 하였던, 이 마을에서 자라 지금은 서울에 사시는 주금실 집사님이었습니다. 문병을 마치고 나오니 식사 예약을 하고 기다리고 있었습니다.

동네의 누군가가 입원하여 목사가 문병을 간다고 하면, 동네 노인 열댓 분이 순식간에 모입니다. 교통이 불편한 시골이고 또 승합차를 부리는 사람이 교회 목사님 밖에 없었기에 자연스럽게 생긴 현상인 것 같습니다. 처음 몇 년은 "제발 대여섯 분만 나오시라."는 광고까지 했습니다. 한꺼번에

너무 많은 사람이 병실에 들어가면 다른 입원 환자들에게 피해를 줄 것 같아서지요. 그리고 교회 승합차에 그 많은 분들이 다 탈 수도 없기 때문이지요. 그러나 병든 이웃을 돌아보겠다고 나서는 동네 사람들의 사랑스런 마음씨에 찬물을 끼얹는 것 같아, 요즘은 그런 광고를 하지 않습니다. 좌석이 모자라면 짐 싣듯 꽉꽉 쟁여서라도 함께 타고 갑니다. 이날도 동행한 식구들이 많아 20여 명이 소 등심을 먹었으니 식사 비용이 꽤 들었을 것입니다. 식사기도를 하기 전, 제가 이렇게 감사의 인사를 하였습니다. "이렇게 많은 고향 어른들을 한꺼번에 대접할 수 있게 된 것이 얼마나 좋은 일입니까? 복받으셨습니다." 주금실 집사님 덕분에 점심 잘 먹고 돌아왔습니다.

식사를 마치고 나오는 길에 임 권사님 둘째 따님이 "어머니가 이거 목사님 꼭 드리라고 해서 드리는 거니까 받으세요." 하면서 흰 봉투를 하나 건네줍니다. 뇌경색이 와서 의사소통도 잘 안 되는 상황에서 임 권사님이 따님에게 "목사님 가시는데 차비 3만 원 드리고, 흰 와이셔츠 하나 사 드려." 하고 명령을 내리셨다는 것입니다. 그 내용을 전해 듣고는 이렇게 말했습니다. "와이셔츠는 이왕이면 제일 좋은 것으로 사 오세요. 오래 오래 입게."

지난 수년간, 임 권사님이 와이셔츠 사 입으라며 저에게 돈 봉투를 건네신 것은 수십 차례입니다. 성탄절, 설날, 추석, 담임목사 생일, 심지어 어버이주일과 스승의 날에도. 한 해에도 수차례 그렇게 와이셔츠 값을 주셨습니다. 받을 때마다 고마우면서도 미안한 마음이었습니다. 연로하신 분이 젊은 사람의 생일을 기억하고 선물을 주신다는 것, 그리고 스승의 날과 어버이날에도 주시니 송구하기가 한이 없었습니다. 때마다 "와이셔츠 하나 사 입으세요." 하면서 주신 돈으로 와이셔츠를 사 입은 적이 몇 번 없으니 그것 또한 미안한 마음입니다.

우리교회의 권사님들, 저마다 특징이 있고 헌신하는 방법이 다릅니다. 임 권사님은 새벽종 당번과, 목사에게 와이셔츠 사 드리는 일에 언제나 변함없는 열심을 보여 주셨습니다. 오죽하면 중환자실에 누워 있으면서도 그런 말씀을 하셨겠습니까? (2003.6.1)

나를 보고 사시우

"나를 보고 사시우."

갑자기 돌아가신 고 방원수 씨의 장례식이 있던 날 저녁, 홍금순 권사님이 허금자 집사님을 위로하며 건넨 말씀입니다. 33세에 홀로 되어 과부로 청춘 다 보내면서 아들 삼형제 키우며 살아온 40여 년의 삶이 얼마나 힘들었겠습니까? 그러니 '30대 초반에 혼자된 나도 견뎌 왔는데, 그래도 당신은 자식들 다 키운 60대 아니냐?' 는 뜻이 "나를 보고 사시우." 하는 한 마디에 담겨 있습니다. 이 한 마디보다 더 큰 위로의 말이 어디 있을까 생각하였습니다.

홍 권사님의 말씀을 듣고 둘러보니 둘러앉은 여 권사님, 집사님들 가운데 두 분만 빼고 모두 홀로 된 분들입니다.

목사 : "언제 홀로 되셨어요?"

김계순 성도님 : "마흔셋이에요."

김종님 권사님 : "저는 서른다섯 살이에요."

모두 30, 40대에 홀로 되어 그냥 살아오셨습니다. 한창 젊을 때에 왜 '팔자 고치고 싶은 마음' 인들 없었겠습니까? 그러나 한결같이 자식들 키우느라 그런 마음을 다 버린 것이지요.

어떤 분은 질퍽거리는 갯벌에서 얼굴에 뻘 묻혀 가며 조개를 캤습니다. 어떤 분은 속살까지 태울 듯한 뙤약볕 아래서 뜨거운 숨 몰아쉬며 김을 매었습니다. 어떤 분은 연약한 몸에 잡곡이나 푸성귀를 머리에 이고 안양까지 다니며 장사하였습니다. 그리고 모두 성공하였습니다. 자녀들 버리지 않고 끝까지 지키고 키워 냈으니 성공이란 말입니다. 꼭 대통령이 되고 장관이 되고 사장님이 되어야 성공입니까? 젊은 시절 고생 많이 한 탓에 허리는 휘고 천 년 고목나무와 같은 주름이 깊게 팬 얼굴들이지만 모두 성공한 어른들입니다.

그렇습니다. "나를 보고 사시우." 이것은 성공한 사람만이 할 수 있는 말입니다. 우리교회 할머니 성도님들, 모두 성공하셨습니다. 어려움 속에서도 어머니의 위치를 잘 지켜 내고 자식들을 잘 키워 냈으니 말입니다. 이제부터는 자녀들의 성공을 위해 기도할 차례입니다. (2003.7.13)

떡 하나가

정영남 집사님의 부친 빈소에 문상을 다녀오던 길에, 박선준 권사님이 너빌에 사는 친구 이야기를 했습니다. 평소 교회에 대해 별로 좋지 않은 감정을 숨기지 않던 친구가 언제부터인가 완강했던 태도를 조금 누그러뜨렸다는 것입니다. 이야기인즉 친구의 아내가 신앙생활을 열심히 하더니 아마 남편의 마음을 연 것 같다는 것이었습니다.

어느 날 권사님이 이렇게 물었답니다. "그런데 자네 그동안 왜 교회 얘기만 나오면 그렇게 싫어했나?" 그런데 그 물음에 대한 친구의 대답이 기가 막히더랍니다.

"초등학교 때, 성탄절 날 교회에 갔는데 고주물동네 사는 다른 아이들은 떡을 다 주면서 나만 안 주더라고, 그때부터…."

박 권사님은 생각조차 해 보지 못한 일이라 황당하기도 하고 충격적이었다고 하더군요. 그래서 "자네만 일부러 안 줬겠나? 실수로 빠졌던지 아니면 자네가 겉돌다가 못 받은 거겠지."라고 말하고 나서 '무관심이 사람에게 이렇게 큰 상처를 줄 수 있는 것이구나!' 하고 생각했다고 합니다. 내친김에 "고향 교회 건축하는데 헌금 좀 해라." 했다는 말을 듣고 제가 이렇게 말했습니다. "성탄절 떡 때문에 상처받은 사람에게 그 교회를 위해 헌금하라고 하시면 됩니까?" 다행히 권사님의 말에 친구가 "그러겠노라."고 좋게 대답했다고 하니 감사한 일입니다.

　권사님의 말을 들으며 초등학교 시절에 겪었던 비슷한 경험이 떠올랐습니다. 고향 교회에서는, 성탄절이 되면 주일학교 아이들에게는 빵을 하나씩 주고 어른들은 떡국을 끓여 먹곤 했습니다. 어느 해인가 기억은 정확하지 않지만 초등학교 2학년이나 3학년쯤 되었던 성탄절이었습니다. 아침에 받은 빵은 일찌감치 먹은 터라, 어른예배 후에 예배당 마룻바닥에 옹기종기 모여 어른들이 드시는 떡국이 먹고 싶어졌습니다. 친구들과 함께 예배당 창문에 매달려 안을 들여다보기 시작했습니다. 김이 모락모락 피어오르는 떡국이 보기만 해도 침을 삼키게 만들었습니다. 창문틀에 매달린 아이들을 본 어른들이 하나둘씩 아이들을 불러들여 떡국을 줍니다. 제 친구 중에는 목사님 아들, 장로님 아들, 권사님 아들 등 교회의 직분자들의 아들들이 많았습니다. 그래서 그 친구들은 다 불려 들어가 떡국을 먹는데, 끝까지 불림을 받지 못하고 창문에 매달린 사람은 우리 학년 가운데는 저 하나였습니다. 안에서 떡국을 드시려던 어머니와 눈이 마주쳤습니다. 그러자 어머니는 숟가락을 놓고 밖으로 나오시더니 아무 말 없이 저를 데리고 집으로 가셨습니다. 떡국이 먹고 싶어 창문에 매달려 있는 아들을 보신 어머니가 차마 떡국을 드시지 못하고 일어나신 것입니다. 일찍 포기하였으면 어머니라도 떡국을 드셨을 텐데 제가 어머니마저 떡국을 못 드시게 한 꼴이 되었지 뭡니까?

지금도 그때를 생각하면 어머니께 죄송한 마음을 갖게 됩니다. 그날 일은 어린 마음에 상처가 되었습니다. "누구는 목사 아들이라고 불러들이고 누구는 장로 아들이라고 불러들이고…. 나는 이름 없는 조용한 평신도 아들이라 존재도 없다 이거지? 허, 교회에서도 사람 차별하네." 이것이 저의 솔직한 마음이었습니다. 그렇게 상처받고 삐딱하게 생각하던 제가 교회를 떠나지 않고 다녔다는 사실이 아무리 생각해도 불가사의한 일입니다. 다시 생각해 보니 그것도 기적입니다. 하나님이 저를 꼭 붙들어 주셨기 때문이겠지요.

저의 가장 친한 친구 오명동 목사에게 가끔 "너는 그때 떡국 얻어먹은 장로님 아들이고, 나는 끝까지 떡국 얻어먹지 못한 육두품이여." 하면서 화풀이를 합니다. 오 목사가 잘못한 것은 하나도 없는데 그때 떡국을 얻어먹지 못해 기분 나빴던 친구의 투정을 40년도 더 지난 오늘까지 그냥 씩 웃으며 받아주고 있습니다. (2003.7.20)

없었더라면 좋았을 것을

　어느 교회든지 어려운 고비라든가 사연들을 가지고 있을 것입니다. 역사가 길면 길수록 그러한 일들은 더 많을 것입니다. 화정교회도 몇 고비를 넘어 오늘까지 왔습니다. 첫 번째 고비는 아무래도 1919년, 수암면에서 3·1 만세 운동을 주도했던 박덕현 조사 등 화정교회 평신도 지도자들이 일경에 쫓기는 일로 해서 10여 년간 폐교되었던 때입니다. 두 번째는 한국 전쟁 중에 교회가 폭격 당해 소실되었던 때입니다. 이 두 고비는 모두 국가적·민족적으로 겪었던 큰 사건들 와중에서 겪은 것이었습니다.

　그런데 화정교회의 세 번째 고비는 전혀 성격이 다른 것이었습니다. 제15대 담임목회자였던 C모 목사님의 사모님께서 어느 날부터인가 교인들에게 돈을 꾸기 시작했답니다. 전해 오는 말에 의하면, 사모님의 오라버니가 사업을 하시는데 사모님이 그 사업자금을 조달한 것이었다고 하지만 자세한 내막은 아무도 모르는 일입니다.

방덕수 권사님께서 아마 돈을 많이 빌려 주신 모양입니다. 그런데 거기서 끝나지 않고 사모님은 방 권사님께 어려운 부탁을 했나 봅니다. 평소 목회자들을 잘 섬기고 교회 일에도 헌신적인 순진한 권사님이 사모님의 부탁을 물리치지 못하고 동네 사람들의 돈도 빌려다 드렸다지 뭡니까? 동네 사람들이야 경우 바르고 양심 바른 권사님이 돈을 빌려 달라고 하니 기꺼이 빌려 주었을 것입니다. 더구나 목사님 댁에서 이자까지 주신다고 하니 얼마간은 이자받을 욕심에 빌려 주기도 했을 것입니다.

그런데 일이 잘못되는 바람에 그만 '부도'가 나고 말았습니다. 교회에서 난리가 났습니다. 교회뿐 아니라 동네에서 난리가 났습니다. 그런데 그 난리라는 것이 동네 사람들끼리 수군거리는 것이었지, 돈 심부름을 하신 방 권사님께는 동네 사람 그 누구도 찾아와서 행패를 부리거나 원망하지 않았다고 합니다. 이곳 고주물 동네 사람들이 본디 얼마나 착한 사람들이었는가를 보여 준 사건이었습니다. 그런데 권사님이 딱 한 가지 아쉬웠던 것을 말씀하십니다.

"목사님, 오히려 믿지 않는 사람들은 가만히 있고요, 그래서는 안 될 사람이 딱 한 번 저에게 와서 심하게 했어요." 하시면서 "그래서는 안 될 사람이 누구였느냐?"는 물음에는 그냥 "같이 교회 다니던 사람"이라는 말씀 외에는 더 이상 말씀하지 않으십니다.

그 일로 C목사님은 화정리를 떠나게 되었습니다. 그러나 목사님은 떠난 것으로 끝난 것인지 몰라도 동네에 사시는 방 권사님은 어떡합니까? 논밭, 집 다 팔아서 그 빚을 갚고는 수원의 아드님 댁으로 옮기셨습니다. 그런 일로 동네를 떠나는 권사님의 마음이 얼마나 아프셨겠습니까? "내가 잘못했어. 내가 바보야." 하면서 탄식하는 어머니에게 아드님들은 "어머니, 잊으세요. 돈이라는 건 있다가 없어질 수도 있는 건데 다시 벌면 되잖아요." 하며 위로하였다고 합니다. 더구나 몇 해 전에는, 이미 고인 되신 그 목사님의 따님이 결혼한다는 소식을 듣고 권사님과 아드님 한 분이 가서서 축하해 주고 오셨다고 하니, 권사님과 그 자녀들의 마음이 넓기도 합니다.

이 사건으로 해서 착하디착했던 교인들의 마음에도 약간의 변화가 있었지 않나 짐작합니다. 목회자를 하나님처럼 떠받들고 존경하던 교인들이 '목회자도 인간인데 뭘', '목회자도 실수할 수 있다' 하는 생각을 하게 된 것입니다. 순진한 교인들이 비로소 눈을 떴다고 해야 할는지…. 이런 엄청난 일을 겪고도 신앙을 버리지 않고 아직까지 순수한 신앙을 보여 주고 있는 교인들이 존경스럽습니다.

아름답지 못한 이야기라는 생각도 있으나 이것 역시 화정교회 역사의 지울 수 없는 한 토막이라 생각하여 싣습니다.

그랬더라면 좋았을 것을

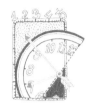

얼마 전 고교 동창의 어머님이 돌아가셔서 조문을 다녀왔습니다. 벌써 몇 년 전부터 몇 가지 병으로 고생하시다가 지난 주에 하나님의 부르심을 받으신 것입니다.

신학대학 시절, 방학이 되어 고향에 내려가면 아랫동네 교회의 권사님이셨던 동창생의 어머니는 지금 고양교회의 담임목사인 오명동 목사와 저를 불러서는 꼭 밥을 한 끼씩 해 주셨습니다. 어린 사람들이지만 장래에 목사가 될 사람들이라고 생각하여 그렇게 극진히 생각해 주셨던 것이지요.

병들어 누워 계신다는 소식을 듣고 '인사하러 가야지' 하고 생각만 하다가 이렇게 부음을 들으니 마음이 편치 않습니다. 돌이켜 보니 배고픈 시절에 우리에게 베푸셨던 그분의 친절에 대해 아무것도 해 드린 것이 없습니다. 빈소에서 유족들과 위로예배를 드리면서 옛날에 그분에게 받았던 친절을 얘기하고 "고인의 그러한 후덕한 마음씀이 결코 헛되지 않을 것"이라며 자녀들을 위로할 뿐이었습니다.

지난 주일에는 쑥개의 김종섭 씨가 돌아가셨습니다. 김장연 권사님이 '쑥개 아저씨' 라고 부르는 소리를 많이 들어서인지 그분의 이름 석 자보다는 '쑥개 아저씨' 라는 이름이 더 친근히 와 닿습니다. 1년여 전에 암 진단을 받으시고 그동안 고생하시다가 돌아가셨다고 합니다.

김 권사님의 집에 추도예배가 있는 날이면 언제나 예배가 다 끝날 때쯤 오셔서 한 귀퉁이에 앉았다가 가시곤 하던 모습이 인상적이었습니다. 항상 웃음 띤 얼굴을 하고 다니시던, 연세보다 훨씬 젊어 보이는 그분의 사람 좋아 보이는 얼굴을 다시 뵙지 못하게 되었으니 서운합니다. 그분이 입원하셨다는 소식을 접하고는 '한 번 찾아 가서 기도해 드려야지' 하는 마음을 가지고 있었는데, 결국 그것은 마음으로 끝나버리고 말았습니다. 차일피일 미루다가 기회를 놓쳐 버린 것입니다. 말해 봐야 핑계에 불과한 말이지만 그 어른이 이렇게 갑자기 돌아가실 줄을 누가 알았습니까?

다시 한 번 사람의 미련함을 깨닫습니다. 우리 각자에게 주어진 시간은 그렇게 많지 않은데, 우리는 저마다 천년만년 살 것 같은 착각 속에서 살고 있습니다. 병든 우리의 이웃, 연로하신 우리의 어버이들은 한없이 기다려 주시지 않습니다. 사랑은 베풀고 공경할 수 있을 때 해야 합니다. 어느 순간 "어?" 하면서 지난날의 자기 게으름을 자책할 날이 찾아올 것이기 때문입니다.

"우리에게 우리 날 계수함을 가르치사 지혜로운 마음을 얻게 하소서."

(시편 90:12) (2003.9.28)

세 번째 이야기

꽃우물 우체통

까치밥

　이른 아침부터 까치들의 깍깍거리는 소리로 시끄럽습니다. 창문을 열어 보니 은행나무에 까치 수십 마리가 앉았다가 후두둑 소리를 내며 날아갑니다. 어떤 녀석의 주둥이에는 지금 잘 익어 가고 있는 노란 은행알 하나가 물려 있습니다. 괘씸한 놈! 이제 보니 가을에 들어서면서부터 유난히 까치들이 은행나무를 오락가락했던 이유가 무엇이었는지 알 것 같습니다. 그러지 않아도 "저 은행알이 익으면 잘 손질했다가 추수감사절 선물로 교인들에게 줘야지." 하며 손꼽아 기다리고 있던 터인데, 수십 마리 까치 떼가 아침마다 와서 서리를 해 가고 있는 것입니다.

　그런데 한 가지 재미있는 사실은, 은행나무에 앉았던 까치마다 은행알을 물고 가지는 않는다는 것입니다. 은행알을 문 까치는 어쩌다 한 마리씩 보일 뿐입니다. 하기야 그 많은 까치들이 은행나무에 왔다 갈 때마다 한 알씩 물고 간다면 은행나무에는 사람이 따 먹을 은행이 하나도 남지 않을 것입니다. 그리고 보니 요즘 농민들에게 피해를 많이 끼치는 까치이긴 하지만 '싹쓸이'는 하지 않는 것이 기특하다는 생각이 듭니다.

우리 조상들은 감을 딸 때, '까치밥'이라며 감 몇 알을 따지 않은 채 나무에 그대로 두었습니다. 까치나 사람이나 서로에게 무자비하지 않았던 것 같습니다. 그러나 물질문화와 도시문화를 신봉하고 있는 현대인들은 '까치밥'의 지혜를 잊은 채 살아가고 있습니다. 사람들은 먹을 것(돈)만 보이면 앞뒤좌우를 가리지 않습니다. 소출을 많이 내겠다는 욕심에 살충제, 제초제를 남용하다 보니 논밭의 곤충들이 사라지게 되었습니다. 이는 곧 새들이 먹고 살아야 할 양식이 사라졌음을 뜻합니다.

먹이가 부족한 새들이 사람들이 애써 가꾸어 놓은 들판을 공격합니다. 봄에 콩을 심으면 곧이어 멧비둘기가 파내어 먹습니다. 열심히 심어 놓은 강냉이는 까투리와 장끼의 먹이입니다. 포도가 익을 때쯤이면 어김없이 까치들이 날아들어 포도를 쪼아 먹습니다. 까치들은 애써 씌워 놓은 봉지까지 아주 노련하게 풀어헤치고 따 먹습니다. 그러니 가을날 까치가 배설하는 똥은 모두 포도색깔일 수밖에 없습니다. 까치똥 맞은 자동차를 며칠 안에 세차하지 않으면 그 자리에 녹이 습니다. "까치가 울면 손님이 온다."는 말로 인해 우리에게 친숙한 느낌을 주는 까치였습니다. 그러나 요즈음 까치는, 적어도 농촌에서는 반가운 새가 아닙니다. 떼지어 다니면서 온갖

농작물에 피해를 입히고, 아무 데나 물똥을 찍찍 갈겨대는 '깡패 새'가 되어버렸습니다. 까치가 이렇게 못된 놈들이 되어버린 데는 사람들의 책임이 큽니다. 함께 살 길을 자꾸 막아 버린 책임 말입니다.

우리 조상들이 까치들을 배려하여 남겨 두셨던 '까치밥'은 결코 '덜 거둔 것만큼 손해나는 것'이 아니었습니다. 함께 사는 길을 택한 것이었지요. (2003.10.5)

지붕터산에서

서울에서 온 동생과 조카들, 그리고 우리집 아이들과 함께 지붕터산에 올랐습니다. 지붕터산은 꽃우물마을의 뒷산입니다. 해발 100m가 될까 말까 한, 천천히 걸어 올라가도 정상까지 20분이면 올라갈 수 있는 작은 산입니다. 하지만 넓은 안산 시내가 한눈에 들어오는 언덕을 가지고 있는 전망 좋은 산입니다.

참으로 오랜만에 지붕터산을 오른 것은, 모처럼 큰 눈에 덮인 교회와 마을을 사진에 담아 두기 위해서입니다. 그런데 시작부터가 험했습니다. 산길이 험한 것이 아니라 초입부터 둘러쳐진 철조망 때문입니다. 철조망을 피해 조금 오르니 학교 뒤 넓은 묘 자리에 개인 납골당이 들어서 있고 그 주위를 철조망으로 또 둘러놓았습니다. 아무리 제 땅 제 맘대로 해 놓은 것이라고는 하지만 산을 오르는 이의 마음이 유쾌하지는 않습니다.

묘 자리를 지나고부터는 옛부터 있던 그대로의 정다운 오솔길이었습니다. 그런데 조금 더 오르다 보니 머리 위에 어마어마한 괴물이 버티고 서 있습니다. 송전탑입니다. 산 아래에서 보던 것보다 훨씬 더 무시무시하고 거대해 보였습니다. 송전탑을 보는 순간 그만 더 오르고 싶은 마음이 사라져 버렸습니다. 송전탑을 지나 조금만 더 가면 우리교회와 마을이 한눈에 보이는 양지바른 언덕입니다. 그곳에 가면 사진을 더 잘 찍을 수 있을 테지만, 바람에 흔들리며 웅웅 소리를 내는 고압선 밑을 걷기가 싫었습니다.

꽃우물마을을 아늑하게 감싸 주는 지붕터산이 어느덧 이렇게 황폐해져 있었습니다. 이제는 더 이상 꽃우물마을을 조용히 내려다볼 수 있는 지붕터산이 아닙니다. 흉물스런 철탑이, 그리고 철조망으로 무장한 개인 납골당이 주인 노릇을 하는 황량하고 음산한 산이 돼 있습니다. (2004.1.25.)

우리 육신의 어머니를!

　김금순 권사님이 몇 년 전, 정든 너빌의 고향집을 팔고 가까운 시내 와동으로 이사 가시던 때는 참으로 서운하였습니다. 평생 고생하셨는데 웬만하면 고향땅에서 정든 이웃들과 함께 여생을 보내실 수 있으면 얼마나 좋을까 하는 생각에서였습니다. 그런데 권사님이 지난 주에는 조금 더 먼 거리에 있는 고잔동으로 이사하셨습니다. 사정이 있어서겠지만 연로하시고 몸도 불편하신 분이 교회와 조금 더 먼 곳으로 이사를 하신다는 것이 또 서운하였습니다.

　새로 이사하신 곳은 임대아파트입니다. 그런데 방문해 보니 주변 환경이 조용하고 집 안 가득히 햇살이 드는 것이 좋습니다. 서운하던 생각이 사라졌습니다. 더구나 길 건너에는 따님이 사시고, 멀지 않은 곳에는 권사님의 동생이 사신다고 하니 마음이 놓입니다. 그러고 보니 몇 안 되는 가족이 가까운 곳에 모여 살기 위해 이사를 하신 것입니다.

광명시의 장애인아파트에서 사는 아드님 선호진 집사님이 오셔서는 예배시간 내내 싱글벙글이었습니다. 뭐가 그리 좋으냐고 물으니 "옛날 같으면… 집에 성경책도 가지고 들어가지 못했잖아요?" 하면서 옛날 이야기를 하십니다.

화정교회 부임 초기, 예배당 맨 뒷자리에는 항상 낡은 성경책 가방이 있었습니다. 선호진 집사님의 가방입니다. 어렸을 적 열병을 앓아 몸에 장애를 입게 된 집사님은 행동도 굼뜨고 말도 어눌합니다. 뒤틀린 팔다리를 의지하여 너빌의 집에서 교회까지 오는 걸음걸이가 아주 힘겨웠을 것입니다. 더구나 웬일인지 어머니가 그토록 반대하시니 교회 다니는 일이 쉬운 일이 아니었습니다. 성경책을 들고 집에 들어가면 어머니의 노여움을 받게 되니 할 수 없이 성경책을 교회에 두고 다녔던 것입니다. 그러나 1년 12달, 52주 동안 교회를 빠지는 날은 한 번도 없었습니다. 심지어 새벽기도회까지 나와서는 큰 소리로 "하나님, 저희 육신의 어머니를 회개시켜 주시고…" 하면서 몇 년이고 기도하셨습니다. 그냥 '우리 어머니' 라고 하면 될 텐데 꼭 '육신의 어머니' 라고 칭하며 기도하던 그 모습이 지금도 생생합니다. 하나님께서 기도에 응답하셨는지 십 수년 전에 그 '육신의 어머니' 가 교회에 나오기 시작하셨습니다. 원인 모르게 많이 아픈 따님과 함께 화정교회를 다니시기 시작한 것이지요. 지금은 따님도 건강해지셨고, 그렇게 교회 다닌다고 아드님을 구박하시던 '육신의 어머니'는 교회로부터 명예권사라는 이름을 받으셨습니다.

선호진 집사님은 지금 '성경책조차 집에 가지고 갈 수 없었던 때'를 생각하며 감사한 마음으로 즐거워하고 있는 것입니다. 선 집사님의 아내인 변상희 씨도 몸에 장애를 안고 살아가는 분입니다. 비록 가난하고 몸이 불편한 어려운 삶을 살고 있지만, 어머님과 여동생들이 모두 예수를 믿게 된 것 하나만으로 만족하고 기뻐하는 그분들의 맑은 영혼은 분명 하나님으로부터 좋은 상급을 받을 것입니다.

"너희 가난한 자는 복이 있나니 하나님의 나라가 너희 것임이요, 지금 주린 자는 복이 있나니 너희가 배부름을 얻을 것임이요, 지금 우는 자는 복이 있나니 너희가 웃을 것임이요, 인자로 말미암아 사람들이 너희를 미워하며 멀리하고 욕하고 너희 이름을 악하다 하여 버릴 때에는 너희에게 복이 있도다."(눅 6:20~23.) (2004. 2. 8)

항상 '죄송한' 집사님

　전화벨이 울리고 곧이어 수화기에서 "목사님, 죄송해요." 하는 소리가 들려오면, 이것은 서광석 집사님의 전화입니다.

　벌써 10년도 훨씬 더 전이군요. 어느 주일날, 40대의 한 젊은 분이 예배에 참석하였습니다. 좀처럼 낯선 사람이라곤 찾아오는 법이 없던 교회에 모처럼 시내에 사시는 듯한 분이 찾아왔기에, 어디 가다가 예배시간이 되어 들어왔나 보다 했습니다. 그런데 3주 동안 계속 나오더니 이내 당신의 신분을 밝혔습니다. 알고 보니 안산 시내의 어느 큰 교회를 다니는 분이었습니다. 그 교회는 안양에 본 교회를 두고 있는 안산성전입니다.(그들의 표현이 그렇습니다.) 안양에 있는 본 교회 목사님이 설교를 하면 그것을 케이블로 연결하여 각지에 있는 지교회에서 보게 하는 것입니다.

"목사님이 직접 나와서 하는 것도 아니고 화면으로 설교를 듣다 보니 좀 이상한 생각이 들었습니다. 그래서 목사님이 직접 설교하는 교회를 찾아왔습니다."

그래서 제가 물었습니다. "우리교회 다니고 싶습니까?" 이 질문에 선뜻 "예, 그리고 싶습니다." 하며 대답하였습니다. 이렇게 해서 서광석 집사님은 화정교회를 다니게 되었습니다.

이분은 참 정이 많은 분입니다. 교인들과 친교가 이루어지고 가까워지는 듯싶더니 어느덧 교회에 다니지 않는 화정동 노인들과도 가까이 지내는 것이었습니다. 시시때때로 노인들 간식거리를 사다가 대접한다든지, 혼자 사는 노인을 병원에 모시고 가는 일 등 동네 노인들을 극진히 잘 모시는 것이 보기에 참 좋았습니다. 당신에게 무슨 이득이 있는 것도 아니고 누가 시키는 일도 아니지만 참으로 지극정성 동네 노인들을 공경하였습니다.

그러다가 3년 전, 남양으로 이사를 가면서 그곳 동네 교회를 출석하게 되었습니다. 그러나 지금도 어버이날이라든지, 화정리 노인 가운데 누가 편찮으시기라도 할 때면 친아들처럼 달려와 도움을 드리곤 합니다.

지난 3년간, 서 집사님은 두어 달에 한 번씩은 꼭 전화를 해 오고 있습니다. 술 한 잔 마시고 기분 좋을 때도, 또는 기분이 울적할 때도 전화를 하십니다. 그 첫 마디는 항상 "목사님 죄송해요."입니다. 어느 날 제가 물었습니다.

"집사님, 뭐가 죄송하다는 것입니까?"

"건축헌금도 제대로 못하고… 목사님 고생하시는데 도움도 못 드리고… 빨리 제가 한 몫 해야 하는데…."

우리교회를 떠나기 전, 집사님은 빠듯한 월급생활을 하면서도 건축헌금을 꽤 하셨습니다. 그런데 더 많이 하지 못한 것이 마음에 걸리시나 봅니다. 그리고 교인도 많지 않은 교회를 떠나 멀리 이사한 것이 미안한 듯합니다. 그러나 "죄송하다."는 얘기를 들을 때마다 제가 더 죄송하곤 합니다. 멀리 시내에서 찾아와 오랫동안 열심히 신앙생활을 하셨는데, 과연 나는 목사로서 집사님에게 얼마나 좋은 영의 양식을 마련해 드렸는가 하는 생각에 죄송한 마음이 들곤 했지요.

돈을 벌어서 불쌍한 노인들을 위한 시설을 만드는 것이 소원이라는 서 집사님의 꿈이 이루어지기를 하나님께 기도합니다. 혹 그 꿈이 이루어지지 않는다 해도 괜찮다고 생각합니다. 이사를 갔으면서도 여전히 화정동 노인들을 섬기는 집사님의 삶 자체가 하나님이 기뻐하시는 산 제사니 말입니다.

반의 반만 더 하면

지난 월요일부터 터파기를 시작하여 어제까지 기초공사를 완료하였습니다. 터파기와 철근 작업, 그리고 콘크리트 타설 과정을 지켜보면서 우리 교회 100주년 기념 예배당이 참으로 튼튼하게 지어져 가고 있음을 느낄 수 있었습니다.

'시작이 반'이라고 했으니 이미 반은 된 셈입니다. 그러나 무엇보다 현실적인 걱정은 공사비 마련입니다. 요즈음 계속해서 계산을 해 보았습니다. 처음에는 예배당과 교육관까지 합하여 5억 원 정도의 공사비를 생각했는데, 진행하다 보니 여러 가지 변수가 생겨 꼬박 10억 원이 들게 되었습니다. 당초 예상보다 건축비가 2배가 된 것은 어려운 일이지만, 결과적으로는 잘 된 일이라고 믿습니다. 건축이 늦어지는 와중에 그린벨트 지역의 종교시설 건축 평수 제한이 완화되면서 좀 더 여유로운 건물을 짓게 되었으니까요. 그리고 박순기 장로님이 교육관 부지를 최소한의 금액만 받고 넘겨주신 것과 교회 입구의 276평 포도밭을 기증하신 것은 우리교회 100주년 기념 예배당 건축에서 지금까지 가장 큰 힘이 되었습니다. 애초 총 340평의 땅에 5억 원을 들여 건축하려던 계획에서 현재 1천 평으로 확장된 터에 10억 원을 들여 훨씬 더 큰 건축을 하게 된 것은, 더할 나위 없는 주님의 은혜와 축복입니다.

교육관 대지 구입과 건축에 4억 5천만 원, 예배당 건축 계약금과 설계 비용에 5천만 원의 헌금이 쓰여지고 지금 남은 헌금이 1천만 원입니다. 결국 앞으로 5억 원 정도의 헌금이 더 필요합니다. 10억 원을 우리교회 교인 가정수로 나누어 보니 2,500만 원입니다. 산술적으로 계산해 보면 불가능한 액수입니다. 그러나 다시 계산해 보니, 지금까지 5억 원을 헌금했다는 것은 이미 한 가정당 1,250만 원을 헌금했다는 것입니다.(여기에는 물론 외부인들의 헌금도 포함되어 있습니다.) 그렇습니다. 우리의 계산법으로는 안 되는 것입니다. 그러나 우리가 믿음으로 열심히 한다면 주님은 당신의 계산법으로 이루어 주실 것입니다.

자! 성도 여러분, 시작이 반이라는데 이미 교육관 공사를 마쳤고 전체 공사의 반인 예배당 건축이 시작되었습니다. 그러니 이제 앞으로 반의 반만 더 하면 될 것이니 열심히 기도하며 헌신합시다. (2004.4.25)

그것은 결코 손해가 아니더라

예배당 건축 공사가 거의 끝나가고 있습니다. 충분히 준비하지 못한 상태에서 시작한 공사라 어려운 일도 있었습니다. 그러나 그 약간의 어려움보다 하나님의 도우심이 더 컸기에 오늘날까지 은혜롭게 진행돼 왔습니다. 시간이 지나면 지날수록 '하나님이 역사하시고 섭리하신다'는 사실이 마음에 와 닿습니다.

설계가 늦어져서 애태운 적이 있었지만 그 늦어지는 동안 그린벨트 내 종교시설 제한 평수가 늘어나서 예배당을 좀 더 크게 지을 수 있게 되었습니다. 한편으로 공사를 늦게 시작하는 바람에 평당 건축비가 조금 올라간 것은 사실이지만, 그것도 오히려 감사한 일이었습니다. 만약 건축 공사가 며칠만 늦어졌다면 새로 바뀐 건축법에 의해 수천만 원의 건축비가 더 들어갈 뻔했습니다.

먼저 약속돼 있는 다른 곳의 건축 공사를 뒤로 미루고 어렵사리 우리교회 건축을 맡아 주신 숭의교회 김태선 권사님은 지난 몇 달 동안 헌신적으로 일해 주셨습니다. 설계도나 견적서에 없는 공사를 추가 비용 없이 선뜻선뜻 해 주실 때면, '이렇게 하면 남는 게 별로 없을 텐데…' 하는 생각을 하기도 했습니다. 그런데 나중에 보니 그것이 김 권사님께 결코 손해가 아니더군요. 건축을 앞둔 목사님들이 우리교회를 방문할 때마다 김 권사님에 대해 선전을 많이 하게 되었습니다. 먼저 약속된 곳이 있어서 곤란하다는 권사님에게 "우리교회 잘 지으시면 권사님 앞으로 일거리 많아질 겁니다." 하면서 건축을 맡겼었는데, 그 말에 책임지기 위해서도, 그리고 실제로 일을 꼼꼼하게 잘해 주시는 권사님에게 고마워서도 계속 선전하게 되었습니다.

마침 우리교회 공사를 마치는 때와 맞물려서 인천의 어느 큰 교회 공사를 맡기로 했다니 감사한 일입니다. 요즘 같은 건축 불경기에 얼마나 감사한 일입니까? 그러고 보니 하나도 헛일은 없습니다.

제가 식사 대접을 해야 하는, 교회 건축한다고 격려차 방문하는 목사님들을 꼭 김 권사님이 대접하시곤 했습니다. 화정교회를 건축하면서 공사비를 많이 받지 않은 것, 추가 공사비 안 받고 일해 주신 것 등을 생각하면 미안하기도 하고 고맙기도 합니다. 그러나 그것이 결코 권사님에게 손해가 아님을 저는 믿습니다. 하나님께서 더 좋고 풍성한 것으로 갚아 주시리

라고 확신하기 때문입니다. (2004.8.8)

* 화정교회 공사가 끝난 후 인천 대광교회, 온양 한빛교회, 서울 은천교회… 김태선 권사
  님의 건축은 끊어지지 않고 있습니다.

숨겨지는 것은 없다

마당에 있던 재래식 화장실을 헐었습니다. 건축을 마무리하면서 마당 조경 작업도 해야 하기 때문입니다. 지붕 슬래브에서 철근이 많이 나왔습니다. 한 평도 안 되는 화장실에서 엄지손가락보다도 굵은 철근이 꽤나 나왔습니다. 맨홀을 묻기 위해 화장실 기초까지 몽땅 파내었는데, 얼마나 튼튼하게 만들었는지 대형 포클레인이 한참이나 깨고 파냈습니다. 이 화장실을 이희남 권사님이 만들었다고 하는데 아마 100년 이상 쓸 생각으로 만들었나 봅니다. 이 권사님의 화끈한 성격이 그대로 보이는 듯했습니다. 의도한 것은 아니지만, 화장실이 있던 그 자리에 새로 지은 건물의 정화조 맨홀이 묻혔습니다.

오늘 아침, "나무 옮길 자리를 봐 달라."는 건축회사 직원의 요청이 있어 나가 보았더니 벌써 느티나무 한 그루를 캐고 있었습니다. 김태선 권사님이 "목사님이 이 나무 심으셨어요?" 하면서 나무 뿌리를 잘 보라고 하였습니다. 커다랗게 분을 떠놓은 뿌리 가운데에 200mm짜리 수로관이 박혀 있었습니다. 그것은 제가 부임하던 해에 안산에 사는 후배 이광재 전도사를 불러다가 함께 묻은 하수관이었습니다. 그 이듬해에 일년생 느티나무 묘목을 가져다 심는다는 것이 바로 수로관 위에 심은 것입니다. 14년이 지난 오늘에야 나무를 잘못된 위치에 심었다는 사실을 알게 되었습니다.

한 가지 놀라운 사실은 플라스틱으로 된 수로관이 조금도 찌그러지지 않았다는 것입니다. 아름드리로 성장한 느티나무가 그 막중한 뿌리의 힘으로 자기 밑의 수로관을 찌그러트리지 않고, 오히려 보호하듯이 잘 감싸안은 것처럼 보였습니다. 만일 느티나무 뿌리가 수로관을 찌그러트렸다면 우리집에서 나가는 생활하수와 정화조 오수가 역류하여 큰 불편을 겪었을 것입니다. 뿌리 가운데에 있는 수로관을 빼낼 방법이 없어 할 수 없이 그냥 그대로 옮겨 심었습니다. 이 나무가 생존하는 수백 년 동안, 느티나무는 자기에게 아무런 도움도 주지 않는 플라스틱 수로관을 감싸안은 채 살아갈 것입니다.

누가복음 12장 2절에 "감추인 것이 드러나지 않을 것이 없고 숨긴 것이 알려지지 않을 것이 없나니"라는 말씀이 있는데, 과연 건축 공사 하느라고 허물고 파보니 옛날에 무슨 일이 있었는지 확연히 드러나 보이는군요.

(2004.9.4)

추석이 무서워

　"명절이 무섭다."는 말들을 합니다. 이 말은, 설날이나 추석 같은 명절이 되면 차례도 지내야 하고 아이들 옷도 사 주어야 하고 음식 장만도 해야 하기에 그만큼 돈이 많이 들어가 어렵다는 것을 표현한 말일 것입니다. 그리고 이 말에는 오랜만에 모인 형제와 일가친척 등 많은 식구들 밥 먹이고 뒷설거지까지 해야 하는 여인네들의 애로도 담겨 있는 것 같습니다.

　"명절이 무섭다."는 말이 지금까지는 남의 이야기처럼 멀게 느껴졌습니다. 그런데 이번 추석에는 정말 "추석이 무섭다."는 말이 절로 나왔습니다. 주말이 가까워 오면서 핸드폰 울리는 횟수가 많아졌습니다.

　"목사님, 저 엘지에어콘인데요, 잔금 좀 안 될까요?"

　"목사님, 여기 돌공장이예유. 주문하신 기념비 보낼게유. 추석 때 직원들 돈 줘야 하는디….”

　“목사님, 여기 성음종사인데요, 제가 추석 전에 결제할 곳이 많아서 그러니 잔금 좀 보내 주십시오.”

　“목사님, 성구사인데요, 급한 대로 조금만이라도….”

　돈은 없고 그렇다고 “돈 없으니 다음에 주겠다.”고 하기도 힘들고, 이번 추석을 앞둔 며칠은 무척 길게 느껴졌습니다. 핸드폰이 울릴 때마다 ‘추석이 무서워’ 라는 말이 자동적으로 떠오르곤 하였습니다.

　감사하게도 김성자 집사님이 가지고 온 기념비 값과 장춘순 집사님이 이리저리 변통해 준 돈으로 급한 불을 끄고 나니 무섭던 생각이 조금은 가라앉았습니다. 그래도 요긴할 때 이렇게 도움 되는 교인들이 있으니 참으로 다행입니다. (2004.9.26)

100주년 기념 예배당 첫 예배

오늘 우리는 100주년 기념 예배당에서 첫 주일예배를 드립니다. 오늘이 세계성찬주일이기에 오늘의 첫 예배가 더욱 뜻깊은 듯합니다. 지난 100년 동안 몇 번의 교회 건축이 있었는데, 그때마다 다른 곳의 교회를 헐어다 지었거나 총리원의 도움을 받아서 지었습니다. 아마 82년도에 지었다가 올봄에 헐린 예배당이 우리 교인들이 낸 헌금으로 지은 첫 예배당이 아닐까 생각합니다.

100주년 기념 예배당은 지금까지의 예배당과는 조금 다르게 지어졌습니다. 외부의 도움 없이 시작하였다는 것, 그리고 교회 지을 때마다 전통이 되었던 '온 마을 사람들의 노력 봉사' 없이 지었다는 것 등입니다.

건축을 하기로 결정할 때의 계획보다 더 크고 멋진 건축이 되었습니다.

40여 가정밖에 안 되는 우리 화정교회 식구들이 이렇게 큰일을 이루어 냈으니 그저 교인들이 장하다는 생각입니다. 주님을 위해 헌신할 마음을 주신 하나님께 감사할 뿐입니다. 하나님께서 여러분의 헌신을 몇 배 좋은 것으로 갚아 주시리라 믿습니다.

이제 우리교회도 규모 있고 아름다운 성전을 갖추게 되었으니, 앞으로는 우리의 속사람, 즉 주의 영이 거하시는 신령한 성전인 몸과 마음을 더 잘 갈고 닦아야겠습니다. 100주년 기념 예배당 건축으로 인해 우리 성도들과 가정이 더욱 주님과 가까워지기를 기도합니다. (2004.10.3)

봉헌예배

봉헌예배를 준비하면서 '어휴, 언제 봉헌예배가 끝나나?' 하는 생각을 하였습니다. 준비할 것도 많고 긴장도 되고 피곤하기도 하였습니다. 지난 주일 저녁, 봉헌예배를 은혜로이 드렸습니다. 찾아온 손님도 많았고 잔치도 풍성하였습니다. 이날은 꽃우물마을 역사상 가장 많은 사람이 찾아온 날이 아닌가 생각합니다. 400명 정도의 손님을 예상하고 음식을 장만했는데, 700여 명이 소머리국밥을 드셨다고 합니다. 전통적으로 손이 큰 화정교회 성도님들이 아니었다면 수백 명이 굶고 가셨을 것입니다.

"곤지암 소머리국밥집 이제 다 죽었네. 아니 소머리국밥이 어쩌면 이렇게 맛있어?" – 목사합창단 김주엽 목사

(손님이 많은 것을 보고) "박 목사 마당발이야." – 석교교회 황광민 목사

"화정리 생긴 이래 가장 차가 많이 모였더구만." - 방산교회 이효재 목사

"교인도 얼마 안 되는 것 같은데 교인들이 일사분란하게 움직이네. 훈련을 잘 시켰나 봐." - 어느 장로교회 집사

"마을 떠나 사는 사람들도 헌금한 것을 보면 화정교회 대단한 교회야." - 흥천교회 신현승 목사

"내가 수십 년 봉헌예배 다녀봤지만 이렇게 은혜로운 봉헌예배 처음이야." - 조화순 원로목사

"박 목사, 여기서 은퇴할 때까지 있어라." - 신학교 동창들

"무엇으로 이렇게 큰 역사를 이루었는고?" - 누군지 기억 안 나는 사람

"순서지 읽으면서 눈물 흘렸어요." - 박영숙 사모

"야, 다 좋다!" - 민들레교회 최완택 목사

100년 묵은 화정교회의 힘과 아름다움을 보여 준 봉헌식과 잔치였습니다. 남녀노소 불문하고 모두 힘을 합하여 준비하고 진행한 성도 여러분의 봉사와 헌신이 아름답고 위대한 일을 이루어 냈습니다. 모두들 수고하셨습니다. (2004.10.31)

화정동에는 '화정교회'는 없고 '우리교회'만 있습니다

　지난 연말, 박순기 장로님의 말씀을 듣고 깜짝 놀랐습니다. 마을 노인 회장님께서, 총무를 맡고 있는 장로님에게 "박 장로, 3월달에 교회 건축 시작한다는데, 연말 결산하기 전에 건축헌금으로 100만 원만 떼어 놓읍시다." 하시더라는 것입니다.

　꽃우물마을 사람들 태반은 화정교회 교인이고, 천주교회에 다니는 집이 세 집 그리고 종교를 가지지 않은 분들이 조금 있습니다. 노인회 회장님은 천주교회에 다니는 세 집 가운데 한 집의 어른이십니다. 천주교인이신 노인 회장님이 먼저 "우리 노인회 이름으로 건축헌금을 하자."고 말씀하셨다는 것이 신선한 충격으로 다가왔고 고마웠습니다.

　며칠 뒤 화정노인회 총회가 열렸습니다. "교회가 3월달부터 건축을 시작한다는데, 우리 노인회에서 100만 원을 헌금하려고 합니다. 좋은 생각이지요?" 하고 의견을 묻는 회장님 말씀에, 몇 년 전에 이사 오신 어르신 한 분이 "다른 동네에서는 교회에서 노인회를 돕습니다. 이건 거꾸로 된 것입니다. 우리 노인회가 무슨 돈이 있다고 교회에 헌금을 합니까?" 하고 반대 의견을 내셨답니다. 그런데 그 말이 끝나기가 무섭게 노인들이 벌떼같이 하시는 말씀들이, "무슨 말을 그렇게 하시오? 화정교회는 우리 마을 교회란 말이여!", "교회가 100년 동안 우리 동네를 지켜줬는데 우리도 성의 표시는 해야 할 거 아니여?"였다고 합니다.

이제 3월이 되어 100주년 기념 예배당 기공식을 하면 화정노인회에서 건축헌금 100만 원을 가지고 참석하실 것입니다.

꽃우물마을 다 해 봐야 40호입니다. 아무리 농촌에 노인이 많다고 해도 40호 가구에 사는 노인 수가 얼마나 되겠습니까? 또 말이야 바른 말이지, 경제력 없는 노인들이 모아 놓은 회비가 얼마나 되겠습니까? 사람도 더 많고 돈도 더 많은 교회가 노인회에 돈을 갖다 드리는 것이 도리인 것이 맞습니다. 그런데 우리 꽃우물마을 노인들은 이처럼 멋진 결정을 하셨습니다.

100년의 나이를 먹고도 아직 입교인 100명밖에 안 되는 작은 교회지만, 우리교회는 '성공한 교회'라는 생각을 합니다. 교회에 나오지 않는 노인들의 입에서 "허, 화정교회는 우리교회란 말이여!" 하는 말씀이 서슴없이 튀어나온다는 것은, 적어도 화정교회가 교회 구실을 잘해 왔음을 보여 주는 것이 아니겠습니까?

수백 년 동안 오직 땅에 매달려 농사만 지으며 소박하게 살아온 꽃우물 마을 사람들입니다. 그분들은 옛날부터 마을에 있는 화정교회가 당신네 교회라고 생각해 왔습니다. 지난 100년 동안, 교회나 목회자를 식구처럼 대접해 주었습니다. 마을 한켠에 서서 새벽마다 종소리를 들려주고 있는 화정교회가 곧 당신들의 교회라고 생각하며 사랑하고 있습니다. 아직 교회에 나오지 않는 분들도 있지만, 그분들마저도 '우리교회' 라고 말합니다. 그렇습니다. 우리 동네에는 '화정교회' 라는 말이 없습니다. '교회' 또는 '우리교회' 만 있을 뿐입니다. (2004.2.7)

망원경

    화정교회 부임 초기, 하루가 멀다 하고 교인들이 목사관에 밭의 소산물을 가져오셨습니다. 초등학교 울타리를 빙 돌아오는 아낙네가 머리에 무언가를 이고 있으면, 그분은 꽃우물에 빨래하러 가는 사람이거나 아니면 교회 사택에 무언가를 가지고 오는 교인입니다. 그때만 해도 교회 옆 도로가 생기기 전이고, 마을에서 교회 쪽으로 오는 차량이나 사람의 발걸음이 하루에 서너 번이면 많다 싶을 정도였기에 그런 저의 짐작은 거의 틀림이 없었습니다. 학교 울타리를 지나 곧 꽃우물로 내려가는 분은 빨래하러 가는 분이고, 내려가지 않고 한 발자국이라도 통과하였다면 그분은 영락없이 교회 사택에 오는 분입니다. 머리에 무언가를 이고 교회를 향해 오는 발걸음을 볼 때마다 '오늘은 누가 무얼 가지고 오시는가?' 궁금해지기 시작했습니다. 그런데 멀리서 보는 집사님, 권사님들이 다 비슷하게 보이는 것이 조금 답답하다는 생각이 들었습니다. 그러던 어느 날, 황학동 벼룩시장에 가서 망원경을 하나 사 왔습니다. 멀리서 맨눈으로 보면 모두가 다 그 사람이 그 사람인 것 같은데, 망원경으로 보면 누가 오고 있는지, 머리에 이고 있는 것이 고구마인지 참외인지 분간하기 쉬웠습니다. 설거지하던 아내가 부엌에 난 조그마한 창문을 통해 밖을 내다보다 "저기 누가 오시는데요?" 하면 즉시 망원경이 동원되곤 하였습니다. 지금은 멀리서 걸어오는 교인들의 걸음걸이만 보아도 누구인지 잘 알 수 있기에 망원경은 쓰지 않습니다.

"사모님, 이거 오늘 캔 고구마인데 제일 예쁜 것으로 조금 가져왔어요."

"사모님, 이거 처음 딴 포도인데 목사님 드리세요."

그렇습니다. 옛날보다는 횟수가 많이 줄었지만 오늘도 머리에 무언가를 이고 초등학교를 빙 돌아 300m 넘는 길을 휘적휘적 걸어오시는 성도님들이 계십니다. 그 발걸음은 '주의 종'에게 첫 열매를 갖다 드리려는 정성스런 발걸음들입니다.

오늘도 저는, 무언가를 머리에 이고 학교 울타리를 빙 돌아서 꽃우물을 지나 교회로 오는 발걸음이 그립습니다. 그러나 그런 모습 또한 이제는 옛이야기로 남게 될 것입니다. 머리에 무언가를 잔뜩 이고 오시던 집사님, 권사님들이 이제는 거의 80세가 넘은 꼬부랑 할머니들이 되셨기 때문입니다. 대신 차를 타고 와서는 "할머니가 갖다 드리라고 해서…." "어머니가 보내셔서…." 하는 아들 손자며느리들의 심부름이 많아졌습니다. (2004.4.7)

꽃우물 우체통 (1)
그냥 하나 만들어 보았다가

우체통을 처음 만든 것은, 지난 해 봄이었습니다. 사택 건물을 예쁘게 짓고 나서 그 앞에 건물과 어울리는 우체통을 설치해야겠다는 마음이 들어 인터넷 검색을 했더니 값이 20만 원이었습니다. 저 정도면 나도 만들겠다 싶어 인터넷에서 본 우체통과 비슷하게 만들기 시작했습니다. 맨 아래 받침대는 폐차장에 가서 사 온 승용차 바퀴(휠)를 이용했습니다. 그 위에 지름 6cm, 길이 1m의 쇠파이프를 용접하고, 또 그 위에는 몸체 폭 20cm, 높이 28cm, 지붕 길이가 38cm인 목재통(새집 모양으로 생긴)을 달았습니다.

집 앞에 세워 놓았더니 마을에서 식당을 하는 김장연 장로님이 "참 잘 만드셨네요." 하며 관심을 표합니다. 우쭐한 기분에 "제가 하나 잘 만들어 드리지요." 하고 그만 약속을 하고 말았습니다. 헤어지고 나서 생각해 보니 '이거 실수했구나!' 하는 생각이 드는 겁니다. 동네에서 식당을 하는 교인 가정이 다섯인데, 주려면 다 줘야지 누구는 주고 누구는 안 줄 수 없는 노릇입니다. 하나 만드는 데도 꽤 힘들었는데 이제는 꼼짝없이 다섯 개를 만들어야 하는 것입니다. 부천에서 샤링 공장을 하는 동생에게 부탁해서 파이프와 받침 철판 등을 마련했습니다. 그리고 단골 카센타 주인아저씨에게 가져가 용접을 했습니다. 공터에 버려진 포장목을 주워다가 통을 조립하는데도 꽤 여러 날 걸렸습니다. 그 몇 날 동안은 아내로부터 꼼짝없이 구박을 받아야 했습니다.

"목사님이 성경 보고 설교하는 일에 바빠야지 엉뚱한 일에 바빠서야 되겠어요?"

"당신은 목수가 아니라 목사라는 사실을 잊지 마시우."

그럴 때마다 "이거 다섯 개만 만들고 끝!" 하면서 무마시키곤 했습니다. 그런데 그게 그렇게 안 되는 겁니다. 우체통 다섯 개를 만들어 보내고 난 며칠 뒤, 우리교회 12대 담임자셨던 이현덕 목사님이 전화를 하셨습니다.

"박 목사, 지나가면서 보니까 우체통 멋있데…. 박 목사가 만들었다며? 나 하나 만들어 주면 안 될까?"

누구의 부탁인데 거절하겠습니까? "예, 만들어 드리겠습니다." 이때부터 고난의 행군(?)이 시작됩니다. 전임 목사님이시니까 만들어 드리고, 교육관 건축 때 이자 없이 돈 꿔 주신 매화교회 어항용 목사님께 선물로 하나 만들어 드리고, 차용증도 받지 않고 거금 빌려 준 계수교회에 하나 안 만들어 줄 수 없고…. 그러다 보니 우리교회와 가장 가까운 거리에 있는 물왕교회 목사 눈치가 보여 하나 만들어 주고…. 이러저러한 핑계로 만든 것이 또 일곱 개입니다. 하나하나 만들 때마다 아내는 "이번에는 또 무슨 핑계유?" 하고 묻습니다. 그러면 저는 "이것이 마지막!" 하고 입을 막곤 했지요.

그러나 그것이 마지막이 아니었습니다. 우체통을 여러 개 만들다 보니, 만드는 재미가 점점 생기는 것이었습니다. 그러던 어느 날 '우리 동네가 40호밖에 안 되는데 집집마다 똑같이 생긴 우체통을 만들어 주면 어떨까?' 하는 엉뚱한 생각이 드는 것이 아니겠습니까? 이런 생각을 하게 된 것은, 몇몇 집 앞에 우체통이 세워진 것을 본 교인들이 "우체부들이 우편물을 아무렇게나 휙휙 던져 놓고 가는 통에 비 맞고 개가 물어뜯고 없어지기도 한다."며 불평하는 소리를 들으면서부터입니다. (2004.3.3)

꽃우물 우체통 (2)
핑계거리 생긴 김에

　소박한 단층집이 대부분인 마을 집집마다 예쁜 우체통을 하나씩 놓으면 멋지겠다는 생각이 든 날부터 궁리를 시작했습니다. 40개를 만들려면, 시간도 많이 걸릴 것이고 재료비도 꽤 많이 들 것입니다. 또 한 가지 중요한 것은, 목사가 그런 일에 시간을 많이 쓰는 것에 비판적인 아내의 눈총을 어떻게 피해 가며 만들 수 있을까 하는 것이었습니다.

　어느 날 동네 노인회에서 "봄에 교회를 짓는다는데, 우리 회비 중에서 100만 원을 헌금하기로 결정했다."는 소식을 듣게 되었습니다. 저는 이 기회를 놓치지 않고 아내에게 말했습니다. "여보, 동네 노인들이 교회 건축을 위해 헌금을 한다는데, 내가 감사의 표시로 우체통을 만들어 선물할 테니 몇 주 동안 눈감아 주시오." 이 말에 아내는 "좋은 핑계거리 또 생겼구려. 언제는 내 허락받고 했어요?" 하면서도 싫지 않은 눈치였습니다.

담임목사가 동네 사람들을 위해 우체통을 만든다고 하니까, 서광석 집사님이 회사에서 폐품 처리하는 수입 포장목을 한 트럭 갖다 주고 받침대 용접도 해 주셨습니다. 박선준 권사님은 폐차장에 가서 차바퀴(휠)를 40개 사다 주셨습니다. 어느 날에는 교육관 내부 작업을 하러 왔던 목수 아저씨가 "목사님, 참으로 좋은 일을 하시네요. 그런데 그런 톱으로 언제 다 만드시겠어요?" 하면서 당신이 쓰던 기계톱(40만 원짜리)을 선물이라며 주고 가셨습니다. 아마 그분이 기계톱을 주지 않았다면 아직까지도 톱질을 하고 있을지 모릅니다. 이러저러한 관심과 도움의 손길이 있어서 재료비는 많이 들지 않았습니다.

지난 겨울 석 달 동안, 주로 월요일과 목요일 오전을 작업 시간으로 정하여 일했습니다. 추운 날에는 페인트 통에 모닥불까지 지펴가며 일했습니다. 가끔 '내가 목사인데 우체통 만드느라고 너무 시간 많이 쓰는 것 아닌가? 성경 보고 기도하는 일에 자국나는 것이 아닌가?' 하는 생각도 들었지만, 나중에 우체통 받고 기뻐할 이웃들 생각에 시간 가는 줄 모르고 즐거운 마음으로 만들었습니다. 우체통을 만드는 동안에는 복잡한 생각이 다 사라지고, 오직 예쁘게 그리고 튼튼하게 만들어 동네 사람들을 기쁘게 해 주고 동네를 예쁘게 치장해야겠다는 생각뿐이었습니다.

우체통을 만들면서, 몇 년 전 한 주간지에서 읽었던 '인도의 어느 도인' 이야기가 마음에 와 닿았습니다. 돌산으로 둘러막힌 어느 시골에 한 젊은

이가 아내와 함께 살고 있었습니다. 그런데 어느 날 그의 아내가 머리를 다쳤는데, 둘러싸인 돌산 때문에 병원에 가지 못해 죽고 말았습니다. 그 후 이 젊은이는 마을 뒤의 돌산을 깨기 시작합니다. 20대에 시작하여 나이 60이 넘도록 40여 년 동안 오직 망치와 정으로 그 돌산을 깨내어 기어코 병원이 있는 읍내로 통하는 900m의 길을 만들게 됩니다. 그런데 돌만 쪼아 내던 그 40여 년 동안 노인은 자기도 모르는 사이에 도를 깨우쳤고, 지금은 인도 전역을 다니면서 강의를 하는 도인이 되었다는 이야기입니다.

목사 안수를 받은 지 벌써 20년이 넘었습니다. 수많은 설교를 하였고 교인들을 심방하고 권면하고 기도도 많이 해 주었습니다. 그러나 '얼마나 목사다운 목사가 되어 있는가?' 하는 생각에 이르면 민망할 뿐입니다. 그런데 지난 겨울 석 달 동안, 설교하고 심방하면서 익숙해진 '말로 때우기'의 습관에서 잠시 벗어날 수 있었던 것은 참으로 귀한 체험이었습니다. 또 이웃들을 위해 봉사할 기회를 얻었다는 것이 어찌 그리 기쁜지 모르겠습니다. (2003.3.3.)

꽃우물 우체통 (3)
말은 그렇게 했지만

　우체통 40개를 만들어 교회 앞 잔디밭에 쭉 세워 놓으니 그야말로 장관입니다. 마치 연병장에 1개 소대 병력이 집총 자세로 서 있는 것 같았습니다. 하루는 나이 60이 조금 넘어 보이는 중노인 한 분이 오시더니, "그거 파시는 겁니까?" 하기에 "아니오, 동네분들 드리려고 만든 것입니다." 했더니 "아니 이렇게 많은데 하나만 파시우. 내 돈 만 원 줄게." 하는 것이었습니다. 그거 하나 만들려면 얼마나 공을 들여야 하는 건데, 그리고 재료비만 해도 몇 만 원 족히 드는 것인데 만 원이라니? '세상 참 별스럽게 늙어버린 사람도 있구나!' 싶은 마음에 "아저씨, 이거 재료비 10만 원만 들이면 만들 수 있으니 댁에서 직접 만드세요." 하면서 쫓아 보냈습니다. 그러고 보니 우체통을 만들어 놓은 후부터 예배당 마당을 기웃거리는 사람이 많아졌습니다.

이거 안 되겠다 싶어 예정보다 며칠 앞당겨 우체통을 나누어 주기로 하였습니다. 1톤 트럭으로 세 번이나 날라야 할 분량이었습니다. 우체통이 차에 실려 나갈 때에는, 마치 금이야 옥이야 키운 딸자식 시집보내는 어버이의 마음이 이와 같을 것이라는 생각이 들었습니다. 배달을 맡은 이희남 권사님, 서광석 집사님, 김장연 권사님에게 "잘 만들어진 것을 교회에 다니지 않는 집에 먼저 주고, 교인들 집에는 남는 것을 주라."며 방침을 일러 주었습니다.

그런데 막상 동네를 향하여 떠나는 뒷모습을 보면서는 '그래도 우리 교인들 집에 예쁜 것이 배달되면 좋겠다'는 생각이 드는 것이었습니다. 말은 '교회 나오지 않는 댁부터!'라고 했지만, 막상 마음에는 '그래도 우리 교인 집에 더 예쁜 것이 가기를!'하고 기대하게 되더라 이겁니다. 그러고 보니 "이웃 사랑!"이라며 큰소리치던 나 자신도 역시 '제 집 식구'만 아는 편협함에서 그리 멀지 않은 인생인가 봅니다.

우체통에는 다음과 같은 편지를 한 통씩 넣었습니다.

"언제나 정다우신 꽃우물마을 이웃 여러분, 지난 100년의 화정교회 역사를 살펴보니 교회에 대한 이웃 여러분의 사랑과 관심이 함께 해 온 역사였습니다. 옛날 교회가 어려웠을 때, 여러분 또는 여러분의 어버이들은 교회를 위해 기꺼이 시간과 정성을 바치셨습니다. 예배당을 지을 때면 온 동네 사람들이 나서서 일을 해 주셨고, 추운 겨울날 목사님 댁에 군불 지피라고 나뭇짐 지고 찾아 주곤 하셨지요. 예수가 누구인지 교회가 무엇인지 잘 모르던 100년 전에 이 마을에 들어온 교회지만, 꽃우물마을 이웃들은 한 번도 교회를 핍박하거나 소홀히 대하지 않으셨습니다. 이것은 세상 어디에 내어놓아도 자랑할 만한 우리 꽃우물마을 사람들의 아름다운 이야기입니다.

　제가 이곳에 온 지 어느덧 15년이 되었습니다. 그동안 저와 제 가정에 이웃 여러분이 보여 주신 사랑 또한 마음 깊이 새기며 감사하고 있습니다. 이웃 여러분의 사랑에 무엇으로 감사의 표를 할 수 있을까 생각하던 중에, 우체통을 만들어 하나씩 선물하기로 작정하고 지난 석 달 간 정성들여 만들었습니다. 이 일에 저희 교회 서광석 집사님이 큰 도움을 주셨고, 박선준 권사님은 우체통의 기초 부분인 자동차휠(바퀴)을 40개 구하여 주었습니다. 그리고 박광영 집사, 김정훈, 장동혁, 박성일 군 등이 각자 세 시간씩 봉사하였습니다. 아마추어가 40개나 만들다 보니 조금 어설픈 부분도 있는 것 같습니다. 그러나 정성껏 만든 것이오니 기쁜 마음으로 받아 주시고 잘 사용하시기를 바랍니다. 보내 드리는 이 우체통에 기쁘고 복된 소식들만 가득 가득 담기게 되기를 기도하겠습니다." (2004.3.3)

꽃우물 우체통 (4)
누구 좋으라고 만든 건데?

 우체통을 마을로 보내고 난 후 저녁 무렵, 우체통을 잘 놓았는가 해서 나가 보았더니 집집의 대문간에 갖다 놓았다던 우체통이 모두 처마 밑에 가 있었습니다. 목사님이 만들어 주신 귀한 것인데 비 맞으면 안 되고 혹시 누가 가져가기라도 할까 봐 그렇게들 했다고 합니다. 망가지면 애프터서비스하고 없어지면 다시 만들어 줄 테니 집배원 편하게 바깥으로 내어놓으라고 해도 '비 맞을까 봐' 또 '잃어버릴까 봐' 안 된다는 것입니다. 어떤 집은 벌써 매직펜으로 번지수와 이름을 써 놓았습니다. 흰 페인트로 깨끗하게 칠한 바탕 위에 검정매직으로 그것도 삐뚤삐뚤 써 놓으니 예쁜 우체통이 좀 거시기해졌습니다.

 그런데 다음날 아침, 동네에서 작은 소동이 일어났습니다. 아침에 일어나 보니 온 동네의 우체통이 큰 길 양 옆에 도열해 있더라는 겁니다. 이게 어찌된 일이냐며 서로 물어 보았지만 자초지종을 알 수 없었습니다. "누가 차떼기로 훔쳐다 팔아먹으려고 내놓았다가 미처 가져가지 못했다."느니 "어떤 쓸모없는 인간이 이런 장난을 하는 것이냐?"느니 별 얘기가 다 나오더니, 심지어 "목사님이 주었다가 다시 빼앗아 가는 것 아니냐?"는 말까지 나왔답니다.

나중에 알고 보니 새로 온 지 며칠 안 되는 우편집배원의 소행이었습니다. 우체통을 마을로 보내고 나서 잔디밭에 서성거리고 있는데, 마침 우리 동네를 담당한 젊은 집배원이 오는 것이었습니다. 그래서 "동네 집집마다 우체통이 생겼으니 아무 데나 툭툭 던지지 말고 우체통에 정성껏 넣어 달라."고 부탁을 하였지요. 전에 오던 집배원은 그렇지 않았는데 새로 온 이 사람이 우편물을 아무렇게나 던지고 간다는 얘기를 들은 바가 있어 그런 부탁을 한 것입니다. 그런데 이 사람이 말귀를 못 알아들었는지, 그날 저녁 퇴근 후(밤에) 동네 우체통을 모두 큰 길로 옮겨 놓은 것입니다. 아마 자기 편하라고 만든 우체통인줄 알고 그렇게 한 모양입니다. 오토바이에서 내리는 수고 없이 길 옆에 세워 둔 우체통에 쑥쑥 집어 넣으면 될 것이니 얼마나 편하겠습니까?

우체통이야 말 그대로 우체통일 뿐이지요. 집배원이 편하게 우편물을 넣을 수 있으면 됩니다. 그러나 제가 만든 우체통은 옹기종기 모여 있는 꽃 우물마을 시골집 40여 채를 예쁘게 돋보이게 하려는 목적도 담겨 있습니다. 그런데 그 젊은 집배원은 자기 생각만 했던 것입니다.

우체통은 주인들이 모두 제자리로 돌려놓았습니다만, 그 무거운 우체통 40개를 큰 길까지 운반하느라 땀깨나 흘렸을 집배원을 생각하면 절로 웃음이 나옵니다.

우체통을 배급한 지 반 년이 흘렀습니다. 동네 식당을 찾아오는 손님들이 요즘도 고개를 갸웃거린답니다.

"참 재밌는 동네일세. 똑같이 생긴 우체통을 단체로 구입했나 봐?"

"이 우체통 어디서 사셨어요? 저도 하나 사게요."

이 말에 우리 동네 교인들 이렇게 대답한답니다.

"돈 들여 사실 필요 없어요. 우리 동네로 이사 오시면 그냥 하나 얻어요."

우체통을 만들어 이웃들에게 나누어 준 것이 뭐 그리 대단한 일은 아닙니다. 그런데 지난 겨울 동안 조금 수고한 것으로 인하여 화정동은 '우체통 있는 마을'이 되었습니다. 우리 동네에 드나드는 사람들이 우체통들을 보면서 조금이라도 더 포근한 마음을 갖게 된다면 저는 굉장히 큰일을 한 셈입니다. (2004.10.16)

한 평의 여유

　조그마한 시골 교회에서 교육관과 예배당을 건축한다는 것은, 엄두를 내는 일부터 쉬운 일이 아니었습니다. 건축을 하기로 의견을 모으고 난 후부터는, "교회들이 너무 자체 건축에만 몰두하고 이웃을 돌아볼 줄 모른다."며 비판하던 평소의 제 말이 어쩌면 부메랑 되어 우리교회로 돌아올 수도 있겠구나 싶었습니다.

　오래 전 일입니다만, 당시 급속하게 성장하는 교회로 자랑이 대단하던 어느 교회가 그 교회의 선교 지원금을 받던 교회들에게 보낸 편지를 읽은 적이 있습니다. 그런데 그 내용이 저에게 큰 충격으로 다가왔던 기억이 있습니다. 그 내용은, "우리교회가 교육관 건축을 위해 헌금 중인데, 교육관 건축이 끝날 때까지 선교비를 중단하게 되었으니 이해해 달라."는 것이었습니다. 그 교회가 지출하던 미자립 교회 일 년 지원금을 대충 계산해 보니, 단 몇 평 건축비 밖에 안 되는 금액이었습니다. 그런데 그것부터 끊는 것으로 건축을 시작하는 것 같이 보여 안타까웠습니다. 교회 건축 얘기만 나오면 움츠러들고 여유를 잃어버리는 교회들 모습을 보면서 '과연 무엇을 위한 건축인가?' 하는 의문을 갖곤 합니다.

건축을 준비하는 목사로서 우리교회 역시 긴축할 것은 긴축해야 하는 입장입니다. 기도하며 준비하던 중 교인들과 다음의 두 가지를 결정하였습니다. 첫째, 미자립 교회 지원금으로 지출하는 예산은 늘이지는 못할망정 끊거나 줄이지 않는다. 둘째, 건축 시작 전에 어려운 이웃 한 명을 정하여 공사비 1평에 해당하는 돈으로 집을 고쳐 준다. 이 결정을 하는 과정에서 "우리 건축비도 모자라는데…."라든가 "교회 짓고 부흥된 다음에 합시다." 하는 식으로 말하는 교인은 하나도 없었습니다.

지난 해 1차 공사로 교육관 건축을 시작하면서, 병약한 몸으로 혼자 힘들게 사시는 동네의 한 아주머니에게 200만 원을 드렸습니다. 몸도 몸이려니와 부엌 수리할 돈도 없어 흙바닥에 가스레인지 하나 놓고 밥을 해 잡수시는 아주머니에게 부엌을 고치라며 드린 것입니다.

얼마 안 되는 적은 돈이었지만 이것으로 화정교회 교인들은 오병이어의 축복을 체험하였습니다. 동네의 다른 집에 와서 일하던 인테리어 업자가 사정 이야기를 전해 듣고는 무료 봉사를 해 준 덕에, 돈을 쓰고도 60만 원이나 남았다고 합니다. 남은 돈 가운데 10만 원을 교회 건축헌금으로 보내 오셨습니다. 그 아주머니, 부엌을 고치고 나서 그렇게 좋아하시며 눈물까지 흘렸답니다. 건축비 한 평밖에 안 되는 적은 돈으로 이렇게 한 이웃에게 기쁨을 줄 수 있다는 것이 우리 화정교회 교인들에게는 더 큰 기쁨입니다.

올 봄 2차 공사로 예배당 건축을 시작할 즈음, 동부연회 어느 미자립 교회의 젊은 목사님이 손수 교회를 짓다가 그만 사고를 당했다는 소식을 접하고 사모님께 100만 원을 보내 드렸습니다. 적은 것이지만 그 속에는 우리 화정교회 교인들의 정성과 기도가 담겨 있기에 홀로 되신 사모님과 아이들에게 자그마한 보탬이 되리라는 마음으로 그렇게 하였습니다.

화정교회가 교회를 지으면서 그래도 '한 평의 여유'를 보여 준 것은, 교회의 본 모습과 건강성을 그런대로 잘 간직하고 있다는 증거가 아닐까 생각합니다. 예수님이 "오른손이 한 것을 왼손이 모르게 하라."고 말씀하셨지만, 우리 화정교회가 물질적으로 매우 부족한 가운데서도 이웃을 위해 '한 평의 여유'를 가졌다는 사실은 널리 널리 자랑하고 싶습니다. (2004.11.20)

네 번째 이야기

깻잎이 변하여 의자 되다

우정의 헌금 500만 원

연성중앙교회에서 화정교회 건축을 위하여 500만 원을 헌금하였습니다. "적은 것이지만 요긴하게 써 달라."며 건네주시는 마 목사님께 "연성중앙교회 지을 때 갚겠습니다." 했더니 "그때까지 빚 다 갚을 수 있을까?" 하며 웃으십니다.

이웃 교회 건축을 위해 건축비 두 평 값을 헌금한 교회? 아마 흔치 않을 것입니다. 물론 큰 교회가 미자립 교회 건축을 위해 500만 원 아니라 1억도 헌금하는 경우가 있지요. 그러나 연성중앙교회가 재정 넉넉한 큰 교회도 아니고, 화정교회 또한 이웃 교회의 보조를 받아야만 건축을 할 수 있는 허약한 교회도 아닙니다. 그러기에 연성중앙교회의 헌금 500만 원은 의미가 있습니다.

연성중앙교회는 한국전쟁 직후 화정교회가 몇 년 간 옮겨가 예배드리면서 세워진 교회입니다. 당시 화정리에 있던 구역장 경작지를 팔아서 예배당을 지었다고 합니다. 말하자면 화정교회가 연성중앙교회의 모 교회랄까 아니면 형제 교회인 것입니다. 이런 관계로 인해 그런 아름다운 결정을 하신 목사님과 장로님들에게 감사와 존경의 뜻을 표합니다. 또 지리적으로 가까이 있다 보니 이런 좋은 일도 생기지 않았나 합니다.

안양에서 제일 큰 A교회는 60여 년 전 화정교회 교인 세 가정이 나가서 시작한 교회입니다. 그러나 이제껏 이 교회와 화정교회는 아무런 교류가 없습니다. 10여 년 전, 「A교회 50년사」라는 책을 만들고 출판기념예배를 드렸다는 소식을 듣고 서운해했던 적이 있습니다. 그렇게 성대한 출판식을 하면서 화정교회에 초청장 하나쯤 보낼 듯한데…. 후에라도 책 한 권 보내 줄 법했지만 그것도 없었습니다. 서로 무관심한 탓이었겠지요. 그리고 저마다 살기 바쁜데 우리 뿌리가 어쩌고 하는 것도 귀찮은 것 아닙니까? 더구나 그 뿌리라는 것이 볼품 없어 보인다면 더 그렇겠지요?

언제부터인가 우리 감리교회에서 공교회 의식이 무너지기 시작하더니 이제는 아예 개교회주의가 되어버렸습니다. 이제는 그것을 당연한 것으로 생각하는 추세입니다. 이런 세태 속에서 연성중앙교회가 형제애를 가지고 화정교회에 건축헌금을 하였다는 것은 매우 뜻깊은 일이라 하겠습니다.

옛날 역사 자료를 보니, 1930년대에는 해마다 안산구역 연합야외예배가 열렸다고 합니다. 5월 첫 주에 화정리에서 삼거리(능곡리)로 넘어가는 동산에 안산구역 고주물(화정)교회, 물왕교회, 거모개(군자)교회 교인들이 천오백 명씩이나 모였답니다.

"그때는 굉장했어요. 온 동네 사람이 그 꼭대기까지 물항아리 올려 가고 북 치고 찬송하고… 고주물이 떠나갈 듯했지요." 이곳이 고향인 김종님 권사님의 증언입니다.

이렇게 옛날에는 서로가 어울리고 하나가 되었습니다. 그러나 성장 제일주의와 개교회 중심주의로 페인트칠을 당한 오늘의 교회들에게는 먼 옛날 이야기일 뿐입니다.

얼마 전, 서로 가까이에 있는 화정교회, 물왕교회, 연성중앙교회 목회자들끼리 70년 전의 연합야외예배 전통을 재현해 보자는 이야기를 나누었습니다. 잘 된다면 우리 감리교회 안에서 공교회 의식을 회복하는 작은 밑거름이 되지 않을까 생각합니다. (2004.11.6)

측백나무 십자가

    교회 입구에 50년 된 측백나무 한 그루가 서 있었습니다. 교회 뒤 김종길 장로님네 포도밭에 있던 것을 오래 전에 옮겨 심은 것이라고 합니다. 사택과 종탑 사이에 삐딱하게 서 있던 측백나무에는 상처가 많았습니다. 부흥회나 여름성경학교를 할 때마다 현수막 거느라고 박은 못 자국이라든지 나일론 끈으로 묶었던 것을 풀어주지 않아서 움푹 파인 골이 나뭇가지에 있었습니다. 그뿐이 아닙니다. 이 사람 저 사람 차 타고 드나들며 들이박곤 하는 통에 아랫부분은 속살이 많이 드러나 있었습니다. 말 그대로 상처투성이 측백나무입니다. 그렇게 못 박히고 얻어터지고 껍질이 벗겨진 채 측백나무는 수십 년 동안 교회 입구에 우뚝 서서 묵묵히 그 자리를 지켜 왔습니다.

새 예배당을 지으면서 가늠해 보니 이 측백나무를 더 이상 그 자리에 둘 수 없는 형편이었습니다. 그렇다고 옮기자니 옮겨서 살 가능성도 별로 없다 하고, 산다고 해 봐야 보기에 흠모할 만한 아름다움도 없는 나무입니다. 고민하고 또 고민했습니다. 그러다가 문득 이 측백나무가 예수님을 닮았다는 생각이 들었습니다. 그래서 십자가로 만들어 강단에 세워 놓으려고 과감히 베었습니다. 생긴 모양 그대로 통나무 십자가를 만들 생각이었습니다.

박경진 성도님께 나무를 베어 달라는 부탁을 한 후 급한 용무가 있어 외출했다가 돌아오니, 아뿔싸! 측백나무가 1m 길이 정도로 여러 토막 나 있는 것이었습니다. 아마 박경진 성도님은 지난 4월 기공식 때 교동 난정교회의 이필완 목사님이 선물해 주신, 통나무를 깎아서 만든 나지막한 측백나무 십자가를 생각하셨나 봅니다.

어쨌든 이 측백나무, 끝까지 수난입니다. 다시 고민하고 고민하다가 베델성구사의 우준길 장로님과 상의했더니 좋은 방책을 내놓으셨습니다. "잘게 자른 후 말려서 집성하면 더 훌륭하게 만들 수 있다."는 것이었습니다. 그래서 이 측백나무를 우 장로님이 가져다가 십자가로 만들어 오셨습니다. 참 잘 만드셨습니다. 살아있을 때는 사람들로부터 온갖 수난을 받았던 측백나무가, 이제는 예수님 닮은 은은한 모습으로 마치 세상살이에 지친 인생들을 고이 품어 안는 자세로 강단 한가운데서 우리를 내려다보고 있습니다.

참나무 설교대와 성찬상

화정교회는 지금까지 예배당을 다섯 번 지었습니다. 1928년 6칸짜리 예배당, 1933년 8칸짜리 예배당, 1956년 천막 교회, 1960년 현주소로 옮겨와서 지은 15평 목조 예배당, 1982년 35평 벽돌 예배당입니다. 그런데 예배당을 지을 때마다 온 동네 사람들이 모여서 지었답니다. 예배당 짓는 일에는 교인은 물론이고 교회에 다니지 않는 사람들까지 고주물 사람이면 누구나 동참하였다고 합니다. 특히 1960년 15평 목조 예배당을 지을 때는, 산에서 나무를 베어다가 목재를 마련하였다고 합니다.

이런 아름다운 전통을 살릴 수 있으면 좋으련만 지금은 시대가 바뀌었으니 어쩔 수 없는 노릇입니다. 예배당 규모도 커져 우리의 힘만으로는 지을 수 없거니와 동네에 힘쓸 사람도 별로 없습니다. 기도하던 중에 퍼뜩

'그렇다면 마을 산에 있는 나무라도 하나 동참시키자' 는 생각이 떠올랐습니다.

6월 초 어느 뜨거운 주일, 예배 후에 박주섭 집사와 박광영 집사를 불렀습니다. 박주섭 집사는 화정교회 최초 신자 가문의 후손이고, 박광영 집사는 4대째 화정교회 교인인 둘 다 뿌리 깊은 나무입니다.

"나랑 같이 산에 가서 참나무 하나 베어옵시다."

학교 뒤 노루골에 가서 밑지름이 두 자나 되는 50년생 참나무 한 그루를 베어, 2m 길이로 여섯 토막을 냈습니다. 한 토막씩 경운기에 올리는 일도 세 명이 쩔쩔 맸습니다. 꼭 그러지 않아도 될 일 벌이는 목사 만나서 두 집사님이 고생 많이 했습니다.

그 참나무가 지금 튼튼한 설교대와 성찬상으로 변하여 강단 위에 놓여 있습니다. 아름답게 지어진 교육관과 예배당도 자랑스럽지만, 이 설교대와 성찬상은 두고두고 아름다운 이야기를 전해 줄 것 같아 더욱 소중하게 여겨집니다. 이 설교대와 성찬상을 바라볼 때마다 그 옛날, 예배당을 짓기 위하여 온 동네 사람들이 힘을 합하여 일했던 것을 기억하게 되었으면 합니다.

땅이 꼬였다가

한국전쟁이 끝나고 몇 년 뒤, 화정동 550-1번지의 교회 터와 학교 옆 사택 부지를 현재 교회가 들어서 있는 박순기 장로님의 땅과 맞교환하였습니다. 교회 터와 사택 터는 장로님 소유로, 화정동 159번지의 장로님 땅은 3등분하여 159-1과 159-2는 교회 소유로, 159-3은 장로님 소유로 하였답니다. 그런데 어찌된 영문인지 등기 과정에서 번지가 바뀌었지 뭡니까?

그러니까 땅을 위에서 아래로 159-1,2,3으로 정하여 교회 소유인 159-1,2는 대지가 되고, 159-3은 농지가 되었는데, 등기는 엉뚱하게 159-1,3,2로 된 것입니다. 결국 장로님 소유로 한 것이 대지(325평)가 되고, 교회 땅(120평)은 농지가 된 것입니다.

교회와 사택, 그리고 교육관까지 지어야 하는데 이곳은 그린벨트지역이라 159-1번지에 90평 건물밖에는 지을 수 없어 난감했습니다(후에 135평으로 법이 바뀜). 주변에 집을 지을 수 있는 땅이라고는 장로님 159-2번지 땅밖에 없었습니다. 고심하며 기도하던 중 장로님께 차마 하기 힘든 말씀을 드렸습니다.

"장로님, 번지수가 잘못 등기되어 바뀐 것 같은데 장로님 땅을 좀 싼 값으로 교회에다 파시지요."

그런데 장로님이 너무나 선선히 대답을 하셨습니다.

"그렇게 하지요. 이왕 그렇게 하는 김에 교회 입구 땅(화정동 488번지, 276평)은 제가 교회에다 희사하겠습니다. 선준이 엄마 살았을 적에 우리 둘이 그렇게 의견을 모았었습니다."

뜻밖이었습니다. 귀한 대지를 싼 값으로 넘겨주는 것만도 쉬운 일이 아닌데, 애지중지 아끼시던 포도밭마저 교회에 바치신다는 것입니다. 장로님의 선한 결단 덕에 교회는 큰 이득을 보았습니다. 농지 120평이 대지 325평으로 둔갑하여 돌아온 것입니다. 면적으로만 봐도 3배로 이익이 되었습니다. 게다가 장로님께서 농지 276평까지 덧붙여서 주셨으니, 참으로 하나님의 역사는 신기하기만 합니다.

포도밭이 모두 교회 차지가 되고 나니 이제 장로님이 포도 농사지을 땅이 없었습니다. "장로님, 포도농사 지을 땅이 없어져서 어떡하지요?" 하며 위로하려는 목사에게 장로님은 이렇게 대답하셨습니다.

"내가 농사짓던 땅에 주님의 전이 들어서게 된 것만 해도 영광이지요."

장로님이 매각하고 기증하신 땅을 합치니, 344평이던 교회 땅이 갑자기 3배(1,000평)가 되었습니다. 이 얘기 하나만 하더라도 이번 100주년 기념 예배당 건축의 가장 큰 공로자는 박순기 장로님이십니다. 장로님, 은퇴하시고 나서 대박 터뜨리셨군요.

3·1운동의 후유증으로 화정교회가 10여 년 이상 문을 닫고 있을 때, 교회 문을 다시 열기 위해 가장 애쓰신 분이 박 장로님의 모친이신 고 오사라(오금례) 권사님이었다고 합니다. 당시 어린 아기였던 장로님을 업고 왕복 40리 길 되는 거모개교회(현 군자교회)를 출석하시다가 닫혀 있던 고주물교회의 문을 여신 것입니다. 모두 낙심하여 주저앉아 있을 때, 교회를 재건하기 위해 지도력을 발휘한 사람이 바로 오 권사님이셨답니다. 어머니의 뒤를 이어 장로님께서 또 한 번 화정교회 역사에 좋은 발자취를 남기셨습니다.

이자까지 붙여서

박순기 장로님이 488번지 포도밭을 교회에 바치기로 했다는 이야기를 들은 큰아들 박선준 권사님이 어느 날 섭섭하다는 말을 합니다.

"그래도 내가 명색이 큰아들인데 아버지가 사전에 말씀은 하셨어야지요. 제가 뭐 바치지 말라고 하겠어요?"

그리고 보니 장로님은 자녀들에게 한 마디 말씀도 없이 교회에다 땅을 바치겠다고 하신 것이었습니다.

"목사님, 아버지가 바치신다고 했으니까 일단 바치신 것이지만 모든 게 확실해야 하잖아요. 그러니 아버지께 말씀드려서 얼른 등기부터 해 가세요."

당신 땅이 교회 건축에 긴하게 쓰이게 된 것만으로도 영광이며 감사하다는 장로님 마음이나 아버지의 희사를 기꺼이 받아들이고 기뻐하는 아들 권사님의 마음이 모두 같은 마음입니다.

그런데 장로님이 땅을 교회에 바치시고 나니 한 가지 곤란한 일이 생겼습니다. 그것은 몇 년 전부터 만들어 오던 '감리교회 성찬용 포도주'를 생산할 포도밭이 모두 교회로 들어가 버린 것입니다. 박 권사님은, '감리교회에서 쓰는 성찬주를 제조하는 영광과 보람을 잃게 되면 어떡하나?' 하는 생각과 '성찬용 포도주 생산은 감리교회와의 약속인데 그 약속을 내가 깰 수는 없다'는 생각을 동시에 하는 것 같았습니다.

그러던 어느 날, 교회 근처의 300평 되는 땅을 주인이 급히 내놓았다는 소식을 들은 권사님 내외가 저를 찾아와 상의를 하였습니다.

"목사님, 그 땅만 살 수 있으면 성찬주 만들 포도나무를 심을 수 있을 텐데 돈이 없어요."

저는 "은행 빚을 얻어서라도 사라."고 하였습니다. 사실 은행 빚으로 땅을 사서 원금과 이자를 갚아 나가는 것이 성찬용 포도주를 만들어 팔아 얻는 것보다 금전적으로는 손해입니다. 그러나 목사 말이라면 잘 듣는 순진한 두 분은 즉시 은행 빚을 얻어 그 땅을 샀습니다. 오직 성찬주를 만들기 위해서 무리한 것입니다. 그런데 사고 보니 그 땅 곁에 놀고 있는 도로 부지가 200평이나 붙어 있더랍니다. 새 길을 놓을 때, 애초 계획했던 인터체인지의 규모가 줄어들면서 놀게 된 땅입니다. 인터체인지를 더 크게 확장하는 일 외에는 안산시에서 "도로 내놓으라."고 요구할 필요가 없는 땅입니다.

합하여 500평 땅에 포도를 심었습니다. 2, 3년 후에는 포도를 수확할 것입니다. 그리고 그 포도는 곧 감리교 성찬주로 변하여 거룩한 성만찬의 식탁에 오르게 될 것입니다.

화정동 주변이 개발되고 도시화되다 보니 요즘 동네 땅값도 덩달아 많이 올랐습니다. 권사님이 그때 그 땅을 사지 않았다면 아마 지금은 그때의 두 배 이상을 줘도 사기가 힘들 것입니다. 돈 주고 산 땅은 300평인데 포도나무를 심은 땅은 500평입니다. 아, 하나님은 정확하시군요. 이자까지 붙여서 돌려 주시니 말입니다.

깻잎이 변하여 의자 되다

　　주일예배가 끝난 후 이희섭 권사님이 두툼한 봉투를 하나 주십니다. "목사님, 제가 교회 장의자 하나 하려고 몇 날 며칠 정말 열심히 모은 거예요. 깻잎, 호박잎 따다 팔아서 천 원씩 모은 거예요." 하시는 권사님의 얼굴에서는 드디어 내가 해냈다는 뿌듯함이 보였습니다. 만 원짜리, 오천 원짜리, 천 원짜리 지폐가 섞여 있는 봉투에는 천 원짜리가 제일 많았습니다. 봉투 안의 돈을 세면서 보니 정말 정성과 기도가 담긴 돈입니다. 목사에게 가져오기 전에 먼저 큰아드님이신 이희열 집사님에게 자랑했더니 "어유, 우리 어머니 장하셔라!" 하면서 좋아하더라는 말씀도 빼놓지 않으셨습니다. 이제 곧 80세가 되실 권사님이 장의자 값 30만 원 만드시느라 애쓰셨습니다.

며칠 전 건축헌금 내역을 살펴보았습니다. 놀랍게도 연세 80 안팎의 권사님들이 헌금을 많이 하셨습니다. 게다가 의자헌금 30만 원씩 바치지 않은 분이 거의 없습니다. 손님 많은 장로님네 막국수 집 앞에서 깻잎이며 호박잎 같은 것을 팔아 번 돈을 모두 건축헌금 또는 성구헌금으로 바치셨나 봅니다. 권사님들이 뜯어다 판 깻잎이 변하여 의자가 되고 봉헌대가 되고 세례대가 되었습니다.

깻잎을 가지고 의자를 만드시는 우리교회 할머니 권사님들, 장하십니다. 그 정성 하나님이 받으셨을 겁니다.

청동종과 무쇠종

　새 예배당 종탑에는 무게 205kg 되는 종이 걸려 있습니다. 지금은 부평으로 이사 가신 방덕수 권사님의 자녀들이, 어머니가 평생 교회를 위해 헌신하신 것을 기념하면서 봉헌한 종입니다. 방덕수 권사님은 평생 화정교회를 위해 헌신하셨고, 2년이 멀다 하고 바뀌는 목회자 한분 한분에게 최선의 사랑을 베푸신 분이십니다. 순진하고 착하신 권사님, 급기야는 어느 목사님의 사모님 부탁을 거절하지 못하여 금전적으로 큰 손해를 보시고 이 마을을 떠나셨지요. 자녀들의 입장에서 보면 교회가 원망스러웠을 법도 합니다. 그러나 그런 마음은 다 묻어 두고, 어머니의 귀한 믿음 기리고자 고향 교회 100주년 기념 예배당에 종을 바쳤습니다. 그러므로 이 종이 내는 소리는 아픈 기억을 승화시켜 보다 밝은 내일을 여는 희망의 소리입니다. 매일 정오, 주일 아침 10시 반, 주일 저녁과 수요일 저녁집회 30분 전에 1분씩 자동으로 울려주게 될 것입니다. 청동으로 만든 종의 소리가 크고 아름답습니다. 이 종소리를 듣는 사람들마다 주님을 찾는 마음이 일어나기를 기도합니다.

예배당 앞의 옛 포도밭 터에는 해방 전부터 쳐 온 조그마한 무쇠종을 옮겨 놓았습니다. 이 종은 매일 새벽종을 울려 줄 것입니다. 새로 설치한 성능 좋은 종이 새벽종까지 울려 줄 수 있지만, 그래도 새벽종만은 옛 종으로 울리게 하려고 합니다. 아무리 편하고 성능 좋은 종이라 해도 평생 해 오신 우리 노인 권사님들의 새벽타종마저 빼앗아서는 안 된다는 생각에서입니다.

한국전쟁 때 불을 먹은 탓에 종소리가 그리 명랑하지는 않지만 우리 권사님들, 힘있는 동안에는 그 소리 그치지 않게 해 주시기를 바랍니다.

장리쌀 (1)
교회 건축을 하려고

  화정교회는, 한국전쟁이 끝나고 지은 천막교회를 포함하여 여섯 번 예배당을 지었습니다. 예배당 지을 때마다 이야기가 있고 사연이 많지만 특히 4번째 예배당, 즉 1960년에 지었던 예배당에는 특별한 이야기가 여럿입니다. 그 중에서 오늘은 '장리쌀'에 얽힌 이야기를 적어 봅니다.

  그 당시 부임하셨던 허명도 목사님은 전쟁 중 불타 버린 교회의 복구를 위해 나라에서 준 재목과 학교 앞에 있던 안산구역 땅(구역장 경작지)을 매각한 돈으로, 화정리에서 3km 거리에 있는 능곡동에 안산교회를 세웠습니다. 젊은이들은 허 목사님을 따라 능곡동의 안산교회로 출석했지만, 장년들과 노인들은 모두 박천만 씨 댁에 모여서 목회자 없이 몇 년 동안 예배를 드렸답니다. 본의 아니게 한 동네의 교인들이, 양쪽으로 갈라져서 예배를 드리게 된 것입니다. 그러나 3km나 되는 먼 거리를 걸어다니는 것이 쉬운 일은 아니었습니다. 게다가 몇 년이 지나면서부터는 '손님' 같은 생각이 들더랍니다.

그러던 어느 날 "이래서는 안 되겠습니다. 우리 힘으로 우리 동네에 교회를 재건합시다."는 결의를 하고 쌀을 모았답니다. 오사라 권사님, 문학순 권사님, 서분학 속장님, 배영순 성도님, 강복석 권사님 등이 일 년 동안 모은 쌀이 1가마니… 이것을 동네 사람들에게 장리쌀로 빌려 주기 시작했답니다. 1년 후에는 1.5가마니, 2년 후에는 2.2가마니… 이렇게 몇 년 지나니 33가마니가 되었습니다. 그 중 1가마니는 당시 돈이 없어 신학교 졸업을 하지 못할 어려움에 처한 담임 전도사님께 드리고, 나머지 32가마니를 판 돈 32만 원과 선교사님의 지원금 30만 원을 합쳐서 예배당을 지었답니다.

온 교인이 전쟁으로 예배당을 잃고 실의에 빠져 있었습니다. 그런데 새로 파송받아 오신 목사님은 '목 좋은 곳'에다 예배당 짓고 그곳으로 가 버리셨습니다. 화정리에 남겨진 교인들이 목회자 없이 모였던 몇 년 동안 얼마나 마음이 아팠겠으며, 장리쌀이라도 내어서 건축 자금 마련하려 했던 그 마음들은 또 얼마나 간절했겠습니까? '우리 힘으로 이곳에 다시 예배당을 짓자'며 결단하고 실행에 옮겼던 교인들을 생각하면, 비록 제가 한 일은 아니지만 왠지 미안한 마음이 듭니다. 장리쌀을 모으셨던 분 중에 문학순 권사님, 강복석 권사님이 오늘까지 건강하게 생존하시어 100주년 기념 예배당 봉헌까지 보게 되셨으니 감사한 일입니다. (2005.1.30)

장리쌀 (2)
잘 모르겠네

　장리쌀은 춘궁기 배고픈 시절에 쌀을 빌려 먹고 그 해 가을에 1.5배로 갚는 것이었는데, 높은 이율임에도 불구하고 장리쌀을 빌려 먹을 수 있는 것은 당시에 행운이었다고 합니다. 배고픈 시절에 장리쌀은 꼭 필요한 것이었지만, 한편으로 생각해 보면 50%나 되는 높은 이자율은 너무 심했다는 생각이 듭니다. 오죽하면 그렇게 이자가 높은 쌀을 빌려 먹었을까요?

　교인들이 내놓은 쌀을, 봄에 놓고 가을에 받아오는 일은 주로 박천만 성도님이나 문학순 권사님의 남편이신 김점동 님께서 하셨답니다. 특히 교회에 다니지도 않았던 김점동 님은 장리쌀 거두는 일에 유별나게 열심이셨다고 합니다. 제때에 쌀을 갚지 않는 사람이 생기면 득달같이 찾아 가서는 "왜 남의 쌀 갖다 먹고는 갚지 않느냐?"며 호통까지 치셨답니다.

이런 얘기 전해 들으면서 두 가지 생각이 떠올랐습니다. 하나는 당신은 다니지도 않으면서 아내가 다니는 교회 건축을 위해 그렇게까지 힘쓰신 어르신의 정성이고, 다른 하나는 교회가 놓던 장리쌀 때문에 혹시라도 마을 사람들이 교회에 대해 섭섭한 마음을 갖지는 않았을까 하는 의문입니다.

예배당을 짓기 위해 장리쌀을 놓은 교회, 또 그 장리쌀 덕분에 춘궁기를 지낼 수 있었던 동네 사람들의 이야기, 모두 가난이 남긴 아픈 흔적입니다. 가난한 교회가 장리쌀을 놓아 이자를 늘이고, 그렇게 해서 몇 년 뒤 그것을 가지고 교회를 짓는데 반이나 충당했다고 하니, 이것 또한 오병이어의 기적이라고 해야 할지 잘 모르겠습니다.

45년 전에는 장리쌀로 이자 늘여서 짓고, 작년의 100주년 기념 예배당은 은행 빚 얻어 은행에 이자 주면서 지었습니다. (2005.2.6.)

장리쌀 (3)
즐겁지 않은 추억

　문 권사님께서 장리쌀 이야기를 하실 때마다 거르시지 않는 이야기가 있습니다. L 전도사님 이야기입니다. 당시 문 권사님께서는 신학교 학생이던 L 전도사님께 매주 여비를 꼬박꼬박 챙겨 드렸답니다. 그러던 중, 돈이 없어 졸업을 할 수 없게 되었다는 사정 얘기를 듣게 되어 전도사님께 장리쌀 사업으로 모은 33가마니 중 1가마니를 드렸답니다. 이런 이야기를 종합해 보면 몇 명 되지 않는 가난한 교인들이 노총각 전도사님을 정성껏 모신 것으로 짐작됩니다.

　그런데 여기까지는 참 좋았는데, 글쎄 엉뚱한 문제가 하나 생겼지 뭡니까? L 전도사님이 어느 날부터인가 문 권사님께 "둘째 딸을 달라."고 조르기 시작한 것입니다. 전도사님의 나이는 노총각 냄새 물씬 나는 28세, 문 권사님의 둘째 따님의 나이는 한창 꽃피는 18세. 나이 차이가 많았지요. 문권사님은 썩 마음이 내키지 않았지만 따님에게 "얘, 네 생각은 어떠니?" 하고 물었답니다. 그랬더니 둘째 따님은 펄쩍 뛰면서 안양의 친척 집으로 피신(?)을 했답니다. 그래도 끈질긴 전도사님의 요청에 난감해하시던 권사님, 결국 감리사님을 찾아가 "제발 다른 목회자를 파송해 주세요." 하고 요청하였고, 그 전도사님은 화정교회를 떠나게 되었답니다. 전도사의 본분을 잊은 일탈행위인 것 같기도 하고, 이루어질 수 없는 사랑이었던 같기도 하고… 해석이 잘 안 되네요.

감리사님께서 새로 파송한 분은 나명호 목사님이었습니다. 그런데 후임으로 오신 나 목사님이 장리쌀에 대한 보고를 듣더니 "하나님 전의 물건을 왜 전도사가 가져갔느냐?" 호통을 치시며 도로 찾아오라고 하셨답니다. 이미 떠나 버린 전도사님께 쌀을 도로 받아 오는 것이 말도 안 되는 일인줄 알면서도 목사님의 말씀이 하도 추상같아서 할 수 없이 한 가마니 중 반 가마니를 도로 가져왔다고 합니다.

글쎄요? 목사님이 왜 그렇게 하셨는지는 정확히 모르겠지만, 아마 '교회 건축을 위해 모은 쌀을 목회자 등록금에 썼다'는, 말하자면 목적 헌금을 목적 외에 쓴 것에 대한 고지식한 생각을 그렇게 표현하신 것 아닌가 생각합니다. 혹시 모르지요. 열 살이나 어린 처녀에게 마음이 팔려서 순진한 그 처녀의 어머니를 괴롭히다가 쫓겨간 전임전도사가 괘씸하여 그러셨는지…. 도로 가져오라고 하신 목사님이나 달라 한다고 도로 보내는 전도사

님이나 모두 고지식하기 이를 데 없습니다. 어찌됐건 전도사님이나 목사
님이나 순진한 교인들 애먹이셨군요. (2005.2.13)

풋풋하고 맑은 이야기

박인환 목사님께

주님의 이름으로 문안을 드립니다. 약 50년 전에 친구의 소개로 선을 보았고 두 번 데이트 하였습니다. 그 여성이 화정초등학교 교사였습니다. 그 학교가 폐교되었다니 어쩐지 섭섭하군요. 섭섭할 이유가 없는데….

1995년 안양지방 감리교회 100년사 집필을 위하여 목사님을 찾아뵙고 취재를 하였습니다. 그때 목사님께서 호박을 하나 주셔서 맛있게 먹은 추억이 있습니다.

주신 책을 절반쯤 읽었습니다. 화정교회 교인들의 풋풋하고 맑은 이야기에 감동을 받았습니다. 결코 '글재주가 없는' 것이 아니라 오히려 매우 섬세하고 아름다운 글을 쓰셨습니다. 딱딱하고 주를 단 논문 형식의 재미

없는 역사만을 써온 나로서는 '이러한 방법으로 서술하는 역사서도 있구나!' 하는 새로운 발견을 하였습니다.

책값으로 만 원을 동봉합니다. 증정하신 거지만 도저히 그대로 받을 수 없어 드리는 것이니 웃고 받아 주시기 바랍니다. 존경스럽습니다.

2005년 5월 31일, 리진호 장로(한국 감리교 역사 연구가)

* 리진호 장로님은 감리교 역사를 공부하시는 분으로, 특별히 안양지방을 중심한 역사 자료를 많이 가지고 계십니다.

항상 다시 시작이다

　지난 몇 달 동안 교인들이 몇 차례나 힘들여 잡초 제거 작업을 했던 교회 주변과 잔디밭에 잡초들이 또 돋아났습니다. 매일같이 드나들면서 잡초를 뽑아 주었던 잔디밭에 유난히도 잎이 가늘게 돋아난 것들이 있어 자세히 살펴보니 잔디가 아닙니다. 얼핏 지나치면 영락없이 '부드러운 금잔디' 같이 보일만한 잡초였습니다. 뽑아도 뽑아도 끊임없이 솟아나는, 게다가 '잡초가 아닌 것처럼' 위장까지 하면서 땅주인을 괴롭게 하는 잡초입니다.

　농사는 가히 잡초와의 싸움이라고 할 수 있습니다. 곡식을 심은 다음에는 계속 김을 매주어야 합니다. 잡초를 제거해야 결실을 거둘 수 있기 때문입니다. 그런데 "긴 고랑의 김을 매다가 뒤돌아보면 벌써 잡초가 솟아나 있다."는 말처럼, 아무리 잘 뽑아도 비 한 번 지나가면 힘차게 다시 솟아나 농부들을 괴롭히는 게 잡초입니다. 그렇다고 농사꾼이 거기서 포기할 수는 없습니다. 다시 김매기를 시작합니다. 김매기를 포기한 농부는 가을에 결실을 얻지 못하기 때문입니다. 항상 다시 시작입니다. (2005.8.28)

명아주 지팡이 (1)
지팡이를 생각하며

제가 자라던 동네에서는 명아주를 돼지풀이라고 불렀습니다. 어디서나 잘 자라고 흔한, 돼지에게나 먹일 뿐 별 쓰임새가 없는 잡초라고 해서 붙여진 이름이 아닐까 생각합니다.

돼지풀, 그 명아주가 교회 주변에 많습니다. 잔디밭에 난 잡초에 신경 쓰다 보니 주차장 옆 축대 위에 잡초들이 무성한 것은 미처 보지 못했습니다. 거기에는 누가 심어 놓기라도 한 듯 명아주가 가득 자라 있었습니다. 큰 비가 내린 뒤, 명아주를 쑥쑥 뽑았습니다. 뽑으면서 보니 어떤 것들은 어린아이 키만큼 자랐습니다. 얼마나 튼튼하게 뿌리를 내렸는지 비가 온 뒤임에도 웬만큼 힘을 주어서는 뽑히지 않는 것이 많았습니다. '이것들을 낫으로 베어버려?' 하는 생각을 하는데, 문득 우리교회의 만물박사인 김병

수 장로님이 "지팡이 가운데 명아주 지팡이가 가볍고 튼튼해서 제일 좋다."고 하신 말씀이 떠올랐습니다. 곧 생각을 바꾸어 명아주들이 잘 자라도록 가꾸기로 했습니다. 교회 노인분들에게 지팡이를 만들어 드리면 좋겠다는 생각에서였습니다. 잔 것들은 아낌없이 뽑아버리고, 잘 자란 것들에는 비료를 주었습니다.

이것들이 가을까지 잘 자라서, 노인들이 짚고 다니실 만한 지팡이가 되어줄 지는 모르겠습니다. 그렇게만 된다면, 하찮게 보이던 잡초가 사람들이 걷는데 힘을 더해 주는 지팡이로 변신하는 것입니다. 몇 달 동안 잘 관리하며 지켜보기로 했습니다. (2005.7.3)

명아주 지팡이 (2)
장 탁사님의 명아주

비료도 주고 주변의 다른 경쟁자들(잡초)도 뽑아 내었습니다. 그런데 명아주는 생각만큼 크게 자라지 못했습니다. 어느 날, "괜히 비료만 주었네. 명아주가 별로 크지 못했네." 하며 혼잣말한 것을 장일준 탁사님(•)이 듣고는 특유의 빈정거리는 듯한 말투로 "에이, 그런다고 되나요?" 하시는 겁니다. 괜히 헛수고한 것이 억울해서 한 말인데, 빈정거리는 듯한 말을 들으니 부아가 났습니다. 몇 달 간 아끼며 관리해 오던 명아주들을 화풀이하듯 다 잘라 버렸습니다.

그 일이 있고 난 뒤 두어 달이 지난 며칠 전, 한밤중에 장 탁사님이 전화를 하였습니다. "목사님, 명아주 몇 개 해 놓았어요." 이런? 누가 명아주 해 달라고 했나? 누구 앞에서는 냉수도 못 마신다더니 장 탁사님 앞에서는 아쉬운 소리도 함부로 해서는 안 됩니다. 가만히 듣고 있다가 며칠 후에 어김없이 "목사님, … 해 놨는데요." 하고 보고하시기 때문입니다.

누군가가 소똥을 잔뜩 갖다 놓은 마을 뒤쪽의 어느 묵은 밭에 명아주가 많이 있는데, 그 명아주들이 소똥 거름의 기운을 입어 지게막대기만큼씩이나 크고 튼튼하게 자라 있더라는 것입니다. 주변의 풀들을 뽑아 주고 비료도 주면서 공을 들였던 명아주는 잘 자라지 않고, 오히려 생각지 않았던 엉뚱한 곳에서 저절로 자란 명아주가 좋은 지팡이감이 되어 나타난 것입니다.

지난 수요일에는 그 댁의 심방 차례여서 갔더니 장 탁사님이 대문간에서 기다리고 있습니다. 한 마디 듣지 않아도 장 탁사님이 대문간에 서서 빙긋이 웃고 있는 뜻을 압니다. 마당에는 장 탁사님이 전화로 말씀하신, 지게막대기만큼이나 굵은 명아주 수십 개가 세워져 있었습니다. 그것을 목사님에게 빨리 보여 주고 싶었던 것이지요.

지금 교회 잔디밭 옆 등나무 그늘 아래에는 장 탁사님이 갖다 놓은 명아줏대 31개가 있습니다. 그것을 잘 말려서 다듬으면 훌륭한 명아주 지팡이가 된답니다. 잘 만들어서 교회 노인들에게 하나씩 드리려고 합니다.

(2005. 10. 2)

* 탁사 : 옛날 감리교회의 직분, 요즘의 관리부 집사.

명아주 지팡이 (3)
주는 사람과 받는 사람의 생각 차이

잘 말려진 명아주를 다듬어 지팡이 만드는 작업이 시작되었습니다. 남상만 집사님과 장일준 탁사님이 주일 낮 예배가 끝난 후부터 시작하여 며칠 동안 정성으로 자르고 다듬고 니스칠을 하였습니다. 밑에는 미끄러지지 않도록 고무패킹까지 하였습니다. 말 그대로 '돈 안 되는' 일을 열심히 하시는 두 분의 모습에서 노인들을 공경하는 마음이 보이는 듯합니다.

드디어 추수감사절이 되어(2005.11.20.) 이 지팡이들을 노인 권사님들에게 선물하게 되었습니다. 화정교회에서는 매년 추수감사절 때마다 교육관 뒤 은행나무에서 딴 은행을 한 봉지씩 선물합니다. 이 은행나무는 오래 전에 박순기 장로님이 심으신 것인데, 은행나무가 서 있는 땅을 교회가 매입하면서부터 은행 열매를 교인들을 위한 선물로 잘 사용하고 있습니다. 그런데 올 추수감사절에는 거기에 하나 더 붙여 노인들을 위한 지팡이 선물까지 드리게 되었습니다.

교회 출입을 좀 더 편하게 해 드리고 싶은 생각으로 만든 것입니다. 70세 이상 노인들의 이름을 일일이 지팡이에 쓰고 그 위에 니스칠을 하였으니 바뀔 염려도 없는, 아주 가볍고 튼튼한 지팡이입니다. 예배 후, 만드느라고 수고하신 남상만 집사님과 장일준 탁사님이 지팡이를 나누어 드렸습니다. 그런데 어르신들, 받을 때는 "아유, 고마워라." 하시더니 정작 지팡이를 사용하시는 분은 몇 안 되는 것 같습니다. 당신이 늙어간다는 것을 인정하기 싫어서인지, 아니면 지팡이를 짚으면 더 빨리 늙을 것 같은 불안한 마음에서인지는 모르겠지만 만든 사람들의 정성을 봐서라도 좀 사용하시지 참~. (2005.11.27.)

명아주 지팡이 (4)
우리 목사님이 만들어 주셨어요

연로하신 교인들 열여덟 분을 모시고 금강산 여행을 다녀왔습니다.

더 늙어 걷지 못할 때가 오기 전에 금강산 여행을 가자며 교회의 거의 모든 노인들이 함께 한 여행이었습니다. 남대문시장에서 구입한 빨간 모자를 씌워 드렸더니 아무리 사람 많이 모인 곳일지라도 눈에 잘 띄었습니다. 우리 일행을 눈에 잘 띄게 해 주는 것이 하나가 더 있었는데, 바로 명아주 지팡이입니다.

산에 오르기 위해서는 지팡이를 꼭 가지고 가셔야 한다고 떠나기 전부터 단단히 말씀드렸더니 모두들 명아주 지팡이를 가지고 오셨습니다. 연세 80세 안팎의 노인 20여 명 모두가 빨간 모자를 쓰고 손에는 명아주 지팡이를 들고 다니시니 다른 사람들 눈에 신기하게 보였나 봅니다. 숙소인 금강산호텔 현관에서 버스를 기다리고 있는데, 모두들 명아주 지팡이를 하나씩 잡고 현관 계단에 앉아 계신 모습이 볼만했습니다. 어느 젊은이가 다가오더니 "명아주 지팡이는 구하기가 힘든 비싼 지팡이인데 모두 가지고 계시네요. 어르신들, 그 지팡이 어디서 사셨어요?" 하고 관심을 표했습니다. 그의 말이 끝나기 무섭게 우리 노인들 큰 소리로 합창을 합니다.

"우리 목사님이 만들어 주신 거예요!"

그러면서 어떤 분은 손으로 저를 가리키기까지 했습니다.

"예? 교회 목사님이요? 아, 참 훌륭한 목사님이시네요."

그 대화를 듣던 저는 무슨 죄라도 지은 사람처럼 화들짝 놀라 얼른 도망쳐 버렸습니다. 노인들을 위해 명아주 지팡이를 만들어 드린 것은 누가 봐도 좋은 일 한 것입니다. 그거 아무나 합니까? 그러나 저도 모르게 화들짝 놀란 것은, 원래 주변머리가 변변치 못하기도 하거니와 그곳에 모여 있던 수백 명의 시선이 저에게 꽂히는 것 같아서였습니다. 그리고 저보다는 장일준 집사님과 남상만 집사님이 더 수고하신 것 아닙니까? 그런데 우리 교인들은 너무나 자랑스럽게 "우리 목사님이 만들어 주셨어요!" 하면서 저를 지목했던 것입니다. 내가 다 한 것도 아닌데 교인들은 당신네 목사를 자랑하고 싶었던가 봅니다. 조금 뒤에 생각해 보니 교인들의 말이 틀린 말은 아닙니다. 한글을 만든 사람들은 분명히 집현전 학자들입니다. 그러나 보통은 한글을 세종대왕이 만들었다고 하지 집현전 학자들이 만들었다고 하지는 않지요.

지팡이를 만들어 드렸을 때 많은 분들이 사용하지 않는 것 같아 조금 서운했는데, 그래도 모두들 속으로는 고맙게 생각하고 계셨나 봅니다. 그러니 그렇게 빨리 대답을 했겠지요. "우리 목사님이 만들어 주신 거예요!" 하고 말입니다.

여보, 쌀이 없어졌어요

　며칠 전, 서재를 정리하다 보니 옛날 수첩들이 나왔습니다. 그 중, 화정 교회 부임 초창기 것을 하나 펼쳐 보니 하루하루의 일과가 기록돼 있었습니다. 어느 집을 심방했고, 누가 우리집을 다녀갔고… 일 년치를 죽 훑어보니 웬 손님들이 그리 많이 다녀갔는지….

　수첩에는 쌀을 나눠 준 기록이 많았습니다. 당시 밀알교회를 담임하던 이광재 전도사는 거의 매주 쌀을 가져갔습니다. 노동 청년들이 많이 모이는 교회를 하다 보니 쌀이 항상 모자랐기 때문입니다. 이광재 전도사 이름이 기록된 것을 보면서 문득 옛날 일이 하나 생각났습니다.

　어느 가을날 저녁때입니다. 저녁밥을 짓기 위해 쌀을 푸러 갔던 아내가 쌀통이 있는 보일러실에서 저를 불렀습니다.

"여보, 왜 쌀이 하나도 없어요?"

"그럴 리가? 플라스틱통에 있을 텐데…." 하면서 나가 보니 정말 쌀이 하나도 없습니다. 보일러실에는 항상 푸른색 플라스틱 양동이와 커다란 오지쌀독에 쌀이 담겨 있었습니다. 아내는 지금 막 쌀독 뚜껑을 열어 쌀이 없음을 확인한 터였습니다.

"오늘 아침에 이광재 전도사가 와서 쌀 달라고 하길래 내가 쌀독에 있던 쌀은 다 퍼 줬는데? 거기 플라스틱통에는 있지 않아요?" 하는 제 말에, 아내는 "그건 어제저녁에 정○○ 목사님 오셨기에 제가 다 드렸는데요?" 하고 대답하는 것입니다. 아내는 전날 저녁에 플라스틱통의 것을 비워 정○○ 목사님께 드린 것이었습니다. 그리고 저는 평소 쌀을 나눌 일이 생기면 쌀독의 것을 퍼 주던 습관대로 쌀독의 쌀을 모두 이광재 전도사에게 준 것입니다. 아내는 늘 퍼 주던 쌀독의 것을 주지 않고 플라스틱통의 것을 비우는 실수를, 저는 플라스틱통을 확인하지 않은 채 그냥 하던 대로 쌀독의 쌀을 퍼 준 실수를 한 것입니다.

교회 마당의 낙엽을 쓸고 계시던 김장연 장로님(당시에는 집사님)이 목사 내외의 대화를 들은 모양입니다. 슬그머니 집으로 가시더니 쌀을 가져오셔서 다행히 쌀을 사러 시내까지 가지 않아도 되었습니다.

수첩에 적힌 것을 대량 짐작해도 퍼 준 쌀 양이 많습니다. 화정교회 성도님들이 매주 주님 대접하는 심정으로 퍼 온 '성미'입니다. 그것이 담임목사 가족이 먹고도 넘쳐서 이웃 교회들을 위해 나눌 수 있었습니다. 당시 어느 교인도 성미의 값을 계산하지 않았다는 것이 고마웠습니다. 우리도 별로 풍족치 못한 농촌 교회인지라, 그런대로 많이 들어오는 성미를 팔았더라면 재정에 큰 보탬이 되었을 텐데 말입니다. 그러나 이제는 더 이상 쌀을 퍼 줄 수 없게 되었습니다. 교인들이 가져오는 성미가 온 교인이 주일 점심 먹기에도 모자라기 때문입니다.

수첩에는 어느 날 누가 우리집을 방문하였는지도 기록돼 있었습니다. 참 많은 손님들이 우리집 또는 우리교회를 방문하였습니다. 그 많은 손님들에게 밥을 해 준 아내가 존경스러워졌습니다.

적은 예산이지만 지난 십 수년 동안 우리보다 약한 이웃 교회와 조금이라도 나누며 지내려고 노력해 왔습니다. 그러는 가운데 우리교회 교인들은 하나님이 주시는 복을 많이 받았습니다. 가끔 교인들에게 "여러분이 경제적으로 윤택해진 것은 우리교회가 여러분이 헌금한 것을 약한 이웃과 나누는 일을 잘했기 때문"이라고 말합니다.

그러나 요즈음 옛날처럼 풍성히 나누지 못하는 것 같아 마음이 아픕니다. 아무래도 건축이 '블랙홀' 같다는 생각이 듭니다. 될 수 있는 한 건축을 핑계로 '나누는 삶'을 버리지 말자고 교인들과 다짐도 했지만, 그게 말처럼 쉽지는 않습니다. 빚, 빚이 있어서지요. 핑계 같지만, '가난한 집 제삿날은 빨리 돌아온다'는 속담처럼 이자 갚을 날은 왜 이리 빨리빨리 다가오는지….

"주님, 빠른 시일 안에 빚 웬만큼 갚게 해 주셔서 지금보다 더 잘 '나누는 교회'로 만들어 주십시오." 하고 기도할 뿐입니다. (2006.2)

이름값을 잘하자

시흥종교교회 입당예배 축사

이 교회는 14년 전에 창립예배를 드렸습니다. 그때 제가 시흥지방 선교부 총무였기에 창립예배 사회를 보았는데 지금은 군번이 바뀌어서 축사를 하게 되었습니다. 오늘 종교교회에서 담임목사님과 여러 성도님들이 오셨는데, 그때도 그랬습니다. 제 장모님이 그때도 오셨는데 오늘도 오셨습니다.

'몇 년도', '누가' 하는 식의 숫자와 이름만 말하면 역사 속의 살아있는 이야기는 사라진다고 생각합니다. 그래서 저는 먼저 이 교회의 이야기를 잠깐 말씀드리겠습니다.

오래 전, 전라도 어느 시골의 가난한 집 어린아이가 국민학교를 졸업하고 서울에 올라왔습니다. 그리고 광화문에서 구두닦이, 중국집 배달원 등을 하며 고생하던 중에, 70년대 당시 종교교회에서 운영하던 야학을 다니게 되었습니다. 그 젊은이는 검정고시를 거쳐 서울대학교 정외과에 합격하였습니다. 그런데 군대 영장을 받게 되어 서울대에는 출석도 못해 보고 군대에 갔습니다. 이 청년이 어느 날 유관순기념관에 가서 구경을 하다가 큰 감동을 받았답니다. '국회의원 하는 것보다 목사 하는 것이 더 보람 있겠다'는 생각이 들더랍니다. 제대 후 이 청년은 서울대에 복학하지 않고 감리교신학대학에 입학하였고 나중에 기독교대한감리회 목사가 되었습니다.

이분은 지금도 어려운 형편이지만 열심히 자기 목회의 길을 걷고 있는 관악서지방의 김기현 목사입니다. 김기현 목사는 1993년 당시 종교교회 담임목사님이셨던 나원용 감독님을 찾아가 지원을 요청하였고, 그 결과로 웨슬리교회라는 이름으로 교회가 시작되었던 것입니다. 그러므로 이 교회는 종교교회의 한 좋은 열매라고 저는 생각합니다.

제가 시무하는 화정교회가 시흥남지방 소속으로 있다가 (행정구역 원칙에 따라) 이번 연회를 기점으로 안산지방으로 옮기게 되었습니다. 원래 시흥과 안산이 한 지방이었다가 18년 전에 시흥지방과 안산지방으로 나뉘었습니다. 그러니까 저희 화정교회는 18년 만에 안산지방의 교회들과 다시 한 지방이 된 셈인데, 지방을 옮기면서 안산지방회에 참석하였다가 충격을 받았습니다.

첫째, 미자립 교회가 반이 넘었습니다. 후배 목사님들이 하는 대화 가운데, 고등학교 다니는 자녀 등록금 걱정, 심지어 쌀과 도시가스비를 걱정하는 얘기까지 들었습니다. '세상에서 상처받고 찾아온 사람들을 치유해야 할 목회자들이 이렇게 상처를 가지고 살고 있구나!' 하는 생각에 마음이 아팠습니다. 모두 감리교회의 신학대학을 나온 목사님들입니다. 실력 있고 재능 있는 분들입니다. 이 아까운 인재들이 마음껏 자신들의 역량을 펼 기회를 얻지 못하고 있는 것입니다.

둘째, 18년 전에는 그런대로 규모가 있던 (100명 안팎의) 교회들이 대부분 그대로이거나 아니면 더 작은 교회가 되어 있는 것이었습니다. 반면에 당시 건물을 지니고 있던 큰 교회들은 아주 큰 교회가 되어 있었습니다.

저는 이런 현상이, 단순히 신앙과 열심의 문제만은 아니라고 봅니다. 대형 교회에서 목회하시는 어느 전직 감독님은 세미나 집회 설교 때마다 "요즘 젊은 목회자들이 게으르고 기도하지 않아서 교회 부흥이 안 된다."고 하시는데, 너무나 무책임하고 생각 없는 말씀입니다. 열심히 기도하고 전도해도 부흥되지 않을 수 있음을 그분은 왜 모르신단 말씀입니까? 세상이 달라졌습니다. 이곳 시흥종교교회가 위치한 시흥시 포동만 해도 과거에는 교회가 하나 밖에 없었지만 지금은 셀 수 없을 정도로 많습니다. 한 건물 건너 교회 하나씩은 있을 정도입니다.

좀 세상적인 용어 같이 들리시겠지만, '경쟁력'의 문제라고 봅니다. 교회는 많고 사람들 숫자는 한정되어 있습니다. 이왕이면 큰 교회, 부담을 주지 않는 교회를 가려고 하지 지하 교회, 이층 교회를 가려고 하지 않는 게 사실 아닙니까?

며칠 전, 어느 연회 감독님이 기독교타임즈와의 인터뷰에서 "이제는 개 교회 부흥만 생각할 것이 아니라, 이웃 교회와 함께 살아갈 길을 모색해야 할 때가 되었다."는 말씀을 하신 보도를 읽으며 신선하다는 생각을 하였습니다. '그 연회는 감독님 잘 뽑았구나!' 하는 생각도 하였습니다.

'빈익빈 부익부'라는 자본주의의 부작용 현상이 한국 교회에도 적용되고 있는 현실이 가슴아픕니다. 무한경쟁 속에 내던져진 오늘날의 경제, 사회 현상이 교회에까지 들어왔다는 것이 매우 슬픕니다.

그런데 종교교회에서 이 교회에 재정적인 지원을 하여 좀 더 좋은 환경에서 선교할 수 있도록 도움 주신 것을 매우 기쁘게 생각하며 이웃 교회 목사로서 감사드립니다. 종교교회가, 이 교회가 웨슬리교회라는 이름으로 창립하였을 당시에도 재정적인 뒷받침을 하였다는 사실을 기억하고 있습니다. 그리고 '10년 이상 도와 줬는데 아직도?' 하지 않고 다시 지원하셔서 좀 더 넓고 좋은 장소로 옮기게 된 것을 감사하게 생각합니다. 유 목사님과 시흥종교교회에 다시 한 번 좋은 기회가 주어졌습니다.

오늘, 시흥종교교회의 입당을 축하하는 이유들 중 가장 큰 것은, 한국 감리교회의 모 교회 중의 하나인 종교교회와 인연을 맺었다는 사실입니다. 종교교회는 고유의 전통을 잘 지키고 이어온 교회입니다. 오늘날 많은 유수한 교회들이 교회가 부흥되고 커질수록 오히려 부정적인 인식을 심어 주고, 세습이니 뭐니 하면서 세상의 지탄을 받고 있습니다.

또 서울 시내의 전통 있는 교회들이 '좋은 목' 찾아 강남 지역으로 떠남으로써 그 전통의 맥이 끊어져 버렸습니다. 땅값 비싼 곳의 어떤 교회들은 교회를 상가로 개발하여 큰 부를 쌓기도 했습니다. 그러나 교회의 본 모습들을 많이 잃어버리고 말았습니다. 그런데 종교교회는 이러저러한 곳으로 눈 돌리지 않고 지역을 지키며 교회의 전통을 잘 이어오고 있습니다. 이런 종교교회가 이 교회의 후원자가 되었다는 것을 축하합니다.

그런데 한 가지 잊지 말아야 할 것은, 이름값을 잘하는 것입니다. 시흥종교교회는 시흥종교교회로 끝나는 것이 아니라 종교교회로 연결되는 것이니만큼 '이름값'을 잘할 수 있도록 힘쓰시기를 바랍니다. 그리고 종교교회는 시흥종교교회를 단지 '후원하는 교회' 정도로 생각하지 말고, '종교교회의 지 교회'로 생각해 주시기 바랍니다. 왜냐하면 시흥종교교회야말로 종교교회가 운영한, 그 옛날 70년대 '야학'의 수고가 맺은 열매 가운데 하나이니까 말입니다. 낳았으면 잘 키워야 하지 않겠어요? 잘 익을 때까지 돕고 함께 나누어야 할 지체임을 꼭 기억하신다면, 시흥종교교회는 날로 아름답게 무르익어 갈 것입니다. 감사합니다.

* 지난 4월 16일, 시흥북지방 '시흥종교교회 입당예배'에서 했던 축사입니다.

나 죽거들랑!

　지난 6월 초, 주재숙 집사님이 전화를 하셨습니다. "목사님, 어머니가 돌아가시려나 봐요." 95세나 되신 분이 며칠 전부터 바깥출입을 못하시고 앓아 누우셨던 터라, 주 집사님의 전화는 곧 시어머니 문학순 권사님의 임종이 임박했음을 알리는 전갈이었습니다. 부리나케 폐교 사택(6년 전 마을을 떠나셨던 권사님을, 몇 년 전에 우리교회가 사용하던 폐교 사택으로 들어오시게 하였음)으로 달려갔더니 문 권사님은 이미 의식이 없는 듯이 보였습니다. 다시 집에 돌아와 옷을 갈아입고 감리교 예문집을 들고 갔습니다. 비를 맞으며 모내기를 하고 있던 김장연 장로님을 부르고 몇 분 권사님들에게 급히 전화하여 임종예배를 드렸습니다. 임종예배를 마치고 알토색소폰을 연주하였습니다. 일 년 전, 이웃 기도원 목사님의 권면으로 배우기 시작한 색소폰인데, 이제는 제법 찬송을 연주할 수 있던 터였습니다. 의식이 가물가물한 권사님의 귀에 대고 큰 소리로 말했습니다.

"권사님, 저 권사님과 했던 약속을 지켰습니다. 제가 우리교회 노인들 가운데 제일 먼저 돌아가시는 분을 위해 '하늘 가는 밝은 길이' 찬송을 불어드리려고 일 년 동안 열심히 배웠는데 권사님께 불어드리게 되었네요. 이 찬송 들으시면서 편안히 하나님 품으로 돌아가세요."

그리고 나서 찬송가 545장을 불어드렸습니다. 그런데 이게 웬일입니까? 연주를 마치자마자 "목사님 수고하셨어요." 하는 소리가 들리는 것이 아닙니까. 곧 돌아가실 줄 알고 임종예배도 드리고 마지막으로 작별의 찬송까지 연주했는데…. 돌아가실 것 같던 권사님이 말씀하신 것입니다. '내가 잘못 들었나?' 하는 생각에 좌중을 둘러보니 다른 사람들도 서로 얼굴을 쳐다보며 황당해하는 표정입니다. 그날 이후 오늘까지 권사님은 조금씩 원기를 회복하고 계십니다.

문 권사님은 옛날에 있던 이야기들을 정확하게 기억하시고 그것을 재미있게, 그리고 거침없이 말씀하시곤 하였습니다. 화정교회에 부임한 지 얼마 되지 않은 어느 날, 문 권사님께서 "목사님들이 오셨다가 정이 들만 하면 떠나시더라.", "목사님들이 조금만 좋은 자리 있으면 뒤도 안 돌아보고 떠나셨는데, 떠나보낸 목사님이 열댓 분 된다.", "목사님들 떠날 때마다 많이 울어서 이제는 눈물도 안 날 것 같다."는 말씀을 숨도 쉬지 않고 쏟아내셨습니다. 그러면서 덧붙이시는 말씀, "목사님도 그러실 거죠? 좋은 교회 나오면 목사님도 뒤 안 돌아보고 홀딱 떠나실 거죠?" 하시는 것이었습니다. 그것도 맡겨 놓은 빚 찾으러 온 빚쟁이처럼 눈에 힘을 주시면서 말입니다.

권사님의 말씀을 듣던 제 마음에 은근히 부아가 치밀어올랐습니다. 옛날 목회자들 이야기를 이제 막 부임한 목사에게 그것도 별로 좋지 않은 감정으로 거침없이 하고 있는 권사님의 태도가 거슬렸고, 평신도들에게 상처를 주고 떠났다는 전임자들에게 은근히 화가 났습니다. 그러나 한편으로는 속마음이 들킨 것 같았습니다. 저도 부임한 첫 날부터 '한 삼사 년 지내다가 어디 갈 데 있으면 떠나야겠다'는 생각을 가지고 있었거든요. 산골에서 자란 데서 오는 열등의식 때문인지는 몰라도 제 아이들만큼은 도시에서 키우고 싶었기 때문입니다.

저도 모르게 입에서 퉁명한 대답이 나왔습니다. "나는 안 그럽니다!" 이에 질세라 문 권사님은 "그럼, 목사님 떠나시더라도 내 장례 치루고 떠나세요!" 하고 못을 박는 것이었습니다. 순간 나름대로 재빨리 머리를 회전시켰습니다. 그렇게 말씀하시는 권사님이 76세시니 사셔야 몇 년 더 사시겠나 하는 생각이 들면서, 애초에 생각했던 삼사 년에 몇 년만 더 '인심 쓰면' 되겠다 싶은 생각이 들었습니다. 즉시 시원스럽게 대답했습니다.

"그러지요 뭐!"

이 약속을 한 지 벌써 18년이 넘어 19년째가 되었습니다. 그런데 그 권사님, 80이 넘고 90이 넘으신 지 한참이 되었는데도 돌아가시기는커녕 정정하시기만 한 것이었습니다.

지난 18년 동안 소위 문 권사님이 말씀하시는 '좋은 교회' 갈 수 있는 기회가 여러 번 있었습니다. 그런데 그때마다 발걸음이 떨어지지 않았습니다. 그러다 보니 이제는 '좋은 교회'에서 오라는 청도 없습니다. 가끔 힘든 일이 생길 때마다 괜히 '그때 내가 왜 문 권사님과 그런 대화를 나눴을 꼬?' 하는 후회 아닌 후회도 해 보았습니다.

그런데 그 권사님이 드디어 돌아가시나 보다 했더니 다시 살아나신 것입니다. '이 어른이 내 발목을 아주 잡는구먼!' 하는 생각이 들었습니다. 그런데 다시 기도해 보니 이것 역시 하나님의 섭리임에 틀림없습니다. 지난 19년 동안 저를 더 낮아지고 겸손하게 하시려는 하나님의 섭리이시며, 화정교회 새로운 100년 역사의 기초를 든든히 하시려는 하나님의 은총이라고 생각합니다.

이곳을 벗어나지 못해 문 권사님이 말씀하시는 '좋은 교회'(도시의 큰 교회)는 가지 못했지만, 이곳에서 진정한 목회가 무엇인지, 하나님과 사람들 앞에서 신실하게 사는 것이 무엇인지는 잘 배운 것 같습니다. 그리고 교인들과 함께 100주년 기념 예배당 건축도 하였습니다. 이 또한 하나님의 크신 은총 아니겠습니까? (2007.7)

허무와 행복 사이

어젯밤 11시, 주일예배 설교 준비를 마치고 마당에 나가 보니 흰 눈이 내리고 있었습니다. 대충 보아도 5cm는 훨씬 넘게 쌓인 것 같았습니다. 새벽기도회에 오실 노인들 생각에 눈을 치우기 시작했습니다. 다행히도 교회에서 마을로 연결된 길은 아직 차가 한 대도 지나가지 않은 상태여서 눈을 치우기가 좋았습니다. 며칠 전, 대형할인점에서 2만 5천 원이나 주고 사온 미제 눈삽은 국산 눈삽보다 자루도 길고 폭도 넓어 작업 능률이 세 배는 되는 것 같았습니다. 또 삽 끝 부분에는 쇠로 된 날이 있어서 웬만큼 다져진 눈도 또르르 휘말려 올라오는 것이 눈 치우는 재미를 더해 주었습니다.

열심히 삽질을 하였습니다. 자정이 훨씬 넘은 늦은 시각이었지만 그 많은 눈을 치웠다는 생각에 흐뭇한 마음으로 잠이 들었습니다. 단잠을 자고

깬 시각이 새벽 3시 30분. 좀 일찍 일어났다 싶었지만 바깥의 길이 염려돼 내다보니 더 많은 눈이 쌓여 있었습니다. 옷을 챙겨 입고 밖으로 나오니 길이 보이지 않았습니다. 잠든 몇 시간 동안 내린 눈으로 온 천지가 솜이불을 덮어놓은 듯하였습니다.

지난 밤 몇 시간 동안의 수고가 허무하게 느껴졌지만, 곧 새벽기도회에 오실 노인들이 혹시라도 넘어지시면 어쩌나 하는 생각에 또다시 눈을 치우기 시작했습니다. 교회에서 마을 쪽의 큰 길까지 이어지는 100m의 길을 먼저 치웠습니다. 그리고 교회 옆 큰 도로에서 교회 현관까지 이어지는 30여 m의 길을 치웠습니다. 눈이 얼마나 많이 왔는지 겨우 한 사람이 통행할수 있을 만큼만 길을 내는 데도 힘이 들었습니다. 이제 대충 되었다 싶어시계를 들여다보니 이런! 벌써 6시였습니다. 새벽기도회는 5시 시작인데, 그리고 보니 새벽기도회에 한 사람도 나오지 않은 것입니다. '아, 이렇게눈길을 잘 치워놨는데…' 교인들은 길 미끄러운 줄 알고 '알아서' 새벽기도회에 나오지 않은 것입니다. '새벽기도회에 편안히 오라고 고생하며 눈을 치웠는데 단 한 명도 오지 않았다니…' 또 허무했습니다.

혼자 잠깐 기도하고 집에 들어가 씻고 아침을 먹으니 8시. 다시 밖에 나와 보니 마을에서 교회로 오는 길은 언제 치웠냐는 듯이 또 하얀 눈으로 덮여 있었습니다. 아, 정말 허무했습니다. 그러나 또다시 시작하였습니다. 조금 있으면 교회학교 어린이들이 올 것이고, 아이들을 태운 장로님의 차가교회 마당으로 들어올 것입니다. 급한 마음에 이번에는 언덕진 곳만 대충 치웠습니다. 그리고는 교회 뒤 언덕에 있는 염화칼슘 네 포대를 낑낑거리며 들고 와서는 정신 없이 뿌리기 시작하였습니다.

그런데 갑자기 등 뒤에서 무슨 소리가 들려왔습니다. "부릉 부릉~." 염화칼슘 뿌리느라 정신이 팔린 사이, 이희남 권사님이 트랙터를 몰고 와서는 벌써 교회 마당으로 들어서고 있는 것이었습니다. 아니, 그런데 이렇게 허무할 데가 있습니까? 이 권사님, 가뿐한 표정으로 트랙터를 이리저리 몰더니 눈 깜짝할 사이 교회 주변의 눈을 싹 치워버리는 것이었습니다. 마을에서 교회로 오는 길은 이미 치우면서 온 것이고, 교회 앞 주차장 눈도 트랙터가 붕붕거리며 몇 번 왕복하니 깨끗이 치워졌습니다. 아, 또다시 느낀 허무감! 눈이 이렇게 많이 올 줄 알았다면 진작 이희남 권사님께 부탁했을 텐데 말입니다.

어젯밤부터 눈 치우느라 2시간 잤습니다. 몸무게는 3kg이 줄었습니다. 오른손 엄지손가락에는 강낭콩만한 물집이 잡혔습니다. 아, 그런데 그 모든 것이 헛수고였다고 생각하니 어젯밤부터 오늘 아침까지가 송두리째 허무했습니다. 그러나 어젯밤부터 오늘 아침까지, 그러니까 열심히 눈을 치우던 그때는 정말 행복했습니다. (2007.1.7)

화정교회 이야기 책 「때론 자전거를 메고 갈 수도 있다」를 펴낸 지 꼭 7년 만에 속편을 내게 됐습니다. 원고 정리는 이미 오래 전에 했는데 어찌 이리 더딘지요.

지난번에는, 책을 어떻게 내야 하는지 몰라서 애를 태우던 차에 채희동 목사의 헌신적인 도움으로 책을 손쉽게 만들었습니다. 말하자면 채희동 목사는 글쓰기 아마추어인 저를 '책 저자'로 데뷔시켜 준 고마운 후배입니다. 다시 한 번 화정교회 이야기를 책으로 출판하려고 하니, 먼저 하늘나라로 간 착하고 맑은 영혼의 소유자 채희동 목사가 울컥 그리워집니다.

이현주 목사님께 '책을 여는 글'을 어렵게 부탁드렸더니 흔쾌히 글을 보내 주셨습니다. 그것이 지난 3월인데 이제야 책을 내게 되었으니 이것은 순전히 저의 나태함 때문입니다.

추천의 글을 써 준 한영제 목사님, 오명동 목사님, 김기석 목사님은 '목회적인 안목보다 경영적인 안목'을 앞세우는 사람이 많은 요즈음, '진정한 목회'와 '교회의 바로 섬'을 위해 하나님이 남겨 놓으신 고마운 동료들입니다. 이러한 동역자들이 있다는 자체가 항상 위로가 되고 힘이 됩니다.

원고를 정리하느라고 우리교회의 박은희 전도사님, 김영란 전도사님이 수고하였습니다. 부족한 제 글에 관심을 가지고 도움을 주신 여러분께 감사드립니다.

이 책은 제 손으로 쓴 것이지만, 내용적으로는 우리 네 식구가 함께 쓴 것이라고 생각합니다. 항상 긍정적이고 손님 대접하기를 좋아하는 아내(조상미), 남부럽지 않게 성실하고 착한 사람으로 잘 자라준 딸(고은)과 아들(형우)의 도움이 컸습니다. 이들은 때로는 격려자로, 때로는 '야당' 역할로서 저를 일깨워 주곤 합니다. 작은 책이나마 이야기들을 엮을 수 있었던 것은 제가 이곳에서 목사로 그런대로 잘 살아올 수 있었기 때문이며, 그렇게 되기까지는 여러 불편함과 부족함 가운데서도 우리 식구들이 밑받침되어 주었기 때문입니다.

지난번 책이 생각보다 많이 판매되어, 모여진 돈으로 100주년 기념 예배당에 엘리베이터를 설치하였습니다. 이야기의 주인공들인 연로하신 교인들이 요즘 이 엘리베이터를 잘 이용하십니다. 그분들을 위해 엘리베이터를 헌납할 수 있었던 것은 하나님께서 저에게 주신 값진 선물이라고 생각하며 감사히 여기고 있습니다. 그리고 저의 부족한 책을 사서 읽어 주신 모든 분들께 감사합니다. 책값으로 지불해 주신 것이 고스란히 화정교회 엘리베이터로 만들어져서, 몸이 불편한 사람과 기력이 쇠하신 노인들에게 편리함을 주고 있습니다.

이번에 이 책을 출판국(도서출판 KMC)에서 내게 된 것은 저 개인적으로

198

영광스러운 일입니다. 김광덕 총무님께 감사를 드립니다.

'사람은 누구나 소중하다' 는 것은 지극히 상식적입니다. 그 사람이 눈에 띄게 성공하지 못했어도, 그 입은 옷이 화려하지 못하다 하더라도, 각자의 고귀한 삶을 성실하게 살았다면 인정하고 대접해 주어야 한다고 생각합니다.

한 작은 시골 교회에서, 이름 없는 교인들의 이야기가 그냥 묻혀 버리는 것이 안타까워 쓰기 시작한 것이 어느덧 책 2권의 출판으로 결실되었습니다. 저의 작은 노력의 결실인 이 책이, 아니 이 책 속에 등장하는 '이름 없는 사람들' 의 이야기가, 점점 '좋은 것' 을 버리고 '큰 것' 만 찾으려는 사람들의 발걸음을 잠깐이라도 멈추게 할 수 있다면 좋겠습니다.

2008년 3월
꽃우물마을에서 박인환 목사

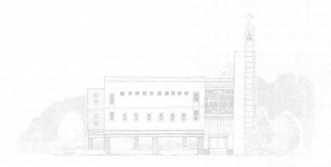

꽃우물에
따뜻한
교회가있네

초판 1쇄   2008년 3월 14일

박인환 지음

발 행 인 | 신경하
편 집 인 | 김광덕

펴 낸 곳 | 도서출판 kmc
등록번호 | 제2-1607호
등록일자 | 1993년 9월 4일

(100-101) 서울특별시 중구 태평로1가 64-8 감리회관 16층
(재)기독교대한감리회 출판국

대표전화 | 02-399-2008, 02-399-4365(팩스)
홈페이지 | http://www.kmcmall.co.kr
　　　　　 http://www.kmc.or.kr

디자인 · 인쇄 | 리더스 커뮤니케이션 02)2123-9996/7

값 9,000원

ISBN 978-89-8430-377-5 03230